Merci Chantal
pour cette bonne Idée
et Toi François de nous prouver
qu'à 60 ans on est encore jeune
et plein d'avenir.
Bisous à tous les Deux
titou

Sonia Drapeau
avec la collaboration de
Gabrielle Ronet

Convertie par l'anneau de Jehanne d'Arc

SALVATOR

Yves Briend Éditeur, SA
103 rue Notre-Dame-des-Champs F-75006 Paris
www.editions-salvator.com
contact@editions-salvator.com

Maquette intérieure : Atlant'Communication
Carte p. 161 : Christophe Emion
Couverture : Philippe Guitton

ISBN : 978-2-7067-2382-7

« Votre métier, vous mon Dieu, c'est la bénédiction. Quand nous vous demandons vos bénédictions, nous vous faisons faire votre métier. Vous étiez fait pour verser vos bénédictions comme une pluie, comme une pluie bienfaisante, comme une pluie douce, tiède, agréable, comme une pluie fécondante sur la terre, comme une bonne pluie, comme une pluie d'automne sur la tête, sur les têtes de tous vos enfants ; ensemble. »

Charles Péguy
Le mystère de la charité de Jeanne d'Arc

Avant-propos

COMMENT suis-je venue à écrire ce livre ? Cela n'a pas été simple de me décider. Je trouvais tout naturel de garder ma conversion presque secrète, connue seulement de mon entourage proche, en toute discrétion et intimité entre le Ciel et moi. Au fur et à mesure que les années passaient, j'avançais vers le Seigneur. Au passage, il emmenait un à un les membres de ma famille sur un chemin spirituel. L'ouverture de mon cœur à la foi me faisait non seulement vivre autrement, mais aussi réfléchir différemment, lâcher prise, faire confiance à ce nouvel Être d'amour, qui prenait désormais la première place dans ma petite existence. Comme le disait sainte Jehanne d'Arc : « Dieu premier servi ! »

Mais malgré moi, mon histoire commençait à se savoir. Mes amis et relations s'interrogeaient sur le changement brutal de ma vie. Mes nouvelles connaissances s'émerveillaient de voir plusieurs convertis à la chaîne dans une même famille. Les questions fusaient de tous côtés. Après les conseils éclairés de différents prêtres qui m'expliquaient comment discerner les réponses à donner en fonction des personnes, je commençais à divulguer quelques informations à certains et à témoigner devant d'autres. Parfois, j'avais l'impression de devenir une « bête curieuse ». Je me sentais petite et reconnaissante devant tant de grâces reçues de ma douce et belle rencontre du Très-Haut, par l'intercession de sainte Jehanne[1] d'Arc !

En réalité, je ne m'attendais pas à toutes ces réactions. Des conseils – surtout celui d'écrire un livre – revenaient très souvent, même de la part du clergé. J'ai donc confié cet hypothétique projet au Seigneur en lui disant : *« Si c'est votre volonté que j'écrive ce qui m'est arrivé, je vous laisse mettre sur ma route toute l'aide nécessaire. »* Le temps devait être venu. Par des chemins sinueux comme le Seigneur aime les tracer, j'ai fait les rencontres adéquates.

Vous allez donc à présent partir à la découverte de ma vie, celle d'une athée devenue catholique pratiquante par une conversion inattendue. Par ce récit, je ne cherche pas à convaincre qui que ce soit, ni à prouver quoi que ce soit. Je n'affirme rien, je témoigne simplement en vérité. Chacun est libre de penser ce qu'il veut, d'accueillir ou non ces paroles, de comprendre ou non la puissance de Dieu.

1. Le prénom « Jehanne » est la forme médiévale de « Jeanne ». Il se compose des racines hébraïques *yo* et *hânan*, et signifie « Dieu est miséricordieux ».

Introduction

La « révélation »

La nuit tombe, en ce vendredi 4 mars 2016. En l'absence inhabituelle de Nicolas de Villiers, président de l'association du Puy du Fou, c'est le secrétaire général qui anime la réunion. Nous sommes plusieurs centaines de bénévoles, heureux de nous retrouver avant le redémarrage prochain de la Cinéscénie. Secouriste pour ce spectacle depuis cinq ans, j'écoute attentivement les consignes données par les différents responsables. Comme à l'accoutumée, les heures s'égrènent dans une ambiance conviviale et studieuse.

La réunion touche à sa fin lorsque Nicolas arrive discrètement sur l'estrade, d'une manière inattendue. Il est revenu le soir même de Londres avec l'anneau de Jehanne d'Arc, acheté quelques jours plus tôt, le 26 février, lors d'une prestigieuse vente aux enchères. Visiblement, il ne résiste pas à l'envie de nous faire partager sa joie en nous le montrant dans son coffret en bois. C'est un miracle que cet anneau soit là, tant les péripéties de son histoire et de son retour en France sont invraisemblables !

La réunion se termine. Tout le monde se lève. Je me dirige vers le fond de la salle où un verre de l'amitié est servi. Des amis engagent la discussion. Au loin, je distingue Nicolas en train de présenter l'anneau à une bénévole, après avoir rouvert le coffret. D'autres curieux s'avancent autour d'elle. Plusieurs files indiennes s'improvisent ensuite autour de la table de conférence, dans un silence recueilli. Tous désirent voir le précieux objet de près. Intriguée, je m'éloigne de mes amis pour rejoindre cet attroupement et faire la queue. Seconde après seconde, je prends la mesure du privilège qui m'est offert, bercée par le recueillement des uns et par le bruit des autres qui se restaurent au bar.

Une fois devant l'anneau, j'ai l'impression de vivre un moment historique, sans savoir pourquoi. Je l'observe un instant, puis rejoins rapidement mes amis au fond de la salle :

— Alors Sonia, tu l'as touché ?

— Non, je n'ai pas osé.

— Tu l'as photographié ?

— Non…

— Regarde, moi je l'ai pris en photo ! Magnifique, n'est-ce pas ?

— Oui, c'est vrai. Je vais en faire autant, ça me fera un souvenir de cette soirée.

Je retourne faire la queue. Un détail me frappe : Nicolas est tout absorbé, dévoué, muet, depuis plusieurs dizaines de minutes. Il nous expose, humblement et généreusement, un trésor historique présumé. C'est une preuve de confiance envers chacun d'entre nous. Arrivée pour la seconde fois devant l'anneau, j'immortalise l'instant en prenant une photo avec mon téléphone portable, lorsque la main d'un inconnu surgit au-dessus de mon épaule et se pose délicatement sur le bijou. Plusieurs sentiments s'entrechoquent en moi. Dans un premier temps, ce geste me donne l'impression d'un sacrilège. Dans un second temps, je résiste à la forte tentation de le toucher également. Mais voyant que Nicolas ne s'y oppose pas, j'ose effleurer la bague…

À l'instant où mes doigts touchent cet anneau, le surnaturel fait irruption. Une chaleur brûlante m'envahit, si intense qu'il est humainement impossible de la décrire par des mots. Elle consume tout mon être. Je suis saisie par un sentiment d'amour infini, merveilleux, indescriptible. Mon cœur fond, mon intelligence vacille, mon esprit bascule vers l'Éternel. Que se passe-t-il ? À la vitesse de l'éclair, l'évidence s'impose à moi : je crois. Je crois en une entité ou un être invisible. Maman me disait toujours : « Toi, tu es comme saint Thomas, tu ne crois que ce que tu vois ! » Athée depuis ma naissance, j'ai immédiatement l'impression d'avoir été aveugle et sourde pendant quarante-neuf longues années vides de sens. Je comprends, avec une lumineuse certitude, que je suis aimée par cet être immense caché dans l'au-delà. N'ayant jamais rien vécu de similaire durant ma vie « d'avant », mon esprit cartésien se heurte toutefois à ce torrent d'amour qui m'inonde de la tête aux pieds.

Je m'éloigne rapidement de l'anneau. Des personnes me parlent, je vois leurs lèvres qui bougent et leurs regards. Mais je ne les entends plus, mes oreilles bourdonnent. Je suis submergée par l'émotion. Je n'ai qu'une envie : retourner voir l'anneau, le serrer fort contre mon cœur et l'embrasser. Est-ce que je deviens folle ? Je préfère m'éclipser car je crains de faire un malaise. J'ai hâte de tout raconter à mon mari, qui n'est pas là. Va-t-il comprendre ce qui m'arrive ? Des amis m'accompagnent jusqu'au parking. Personne ne semble remarquer mon état second. Sous la voûte céleste, chacun raconte son impression après avoir vu l'anneau. Quant à moi, je suis incapable de verbaliser ce qui m'arrive. Je garde mon secret, puis repars discrètement. En stationnant mon véhicule devant mon garage, je ne me souviens plus du trajet. Vingt minutes ont défilé, mais j'étais comme un robot au volant d'une machine en pilotage automatique.

À la maison, débarrassée de mes clefs, je me précipite dans le salon pour parler à mon mari, Philippe. D'un naturel observateur, il croise mon regard et me questionne :

— Alors, ta réunion ?

— Bien. J'ai revu tous nos amis puyfolais[1]. On avait hâte de se retrouver ! Bon, il faut que je te dise… Il m'est arrivé une chose invraisemblable, extraordinaire !

— À ce point ?

— Si je te le dis, tu promets de ne pas te moquer de moi ?

— Dis toujours. On verra bien !

— À la fin de la réunion, Nicolas est arrivé avec l'anneau de Jehanne d'Arc qu'il a rapporté de Londres. Il l'a montré à l'improviste à ceux qui voulaient le voir.

— Tu l'as vu ?

— Oui ! Et je l'ai touché ! À ce moment-là, c'est comme si le ciel m'était tombé dessus ! J'ai été saisie par quelque chose de très fort. Il n'y a pas de mots. Depuis, je suis certaine qu'un être extraordinaire existe

1. Personnes bénévoles du Puy du Fou.

au-dessus de nous. Toi qui es croyant, c'est ça avoir la foi ?

— Mais c'est fabuleux !

— Oui, mais surtout ne va pas raconter ça !

— Dès que tu es entrée, j'ai vu qu'il y avait quelque chose de changé dans ton regard. Cela se voit que tu n'es pas dans ton état normal. Toi qui es athée, jamais tu n'aurais pu inventer un truc pareil ! Et tu te sens comment ?

— Tout se mélange dans ma tête ! Je me pose même la question de savoir si je n'ai pas imaginé tout cela. Je vais me coucher… Demain, ce sera fini. C'est sûrement la fatigue.

Mais ce n'était pas du tout fini. C'était le début d'une nouvelle vie. J'arrivais de tellement loin… et ma vie d'avant était si différente !

Première partie

MA VIE D'AVANT

1

Ma naissance

Ma mère s'appelle Jeanne. Enfant, on l'appelait « Jeannette »... comme notre Jehanne nationale. Il lui a fallu attendre cinq longues années de mariage, sans contraception, pour qu'elle tombe enceinte. Mon père et elle sont allés voir une guérisseuse qui, en touchant son ventre, lui a prédit des jumeaux. En effet, c'est ce qui arriva. Mais, malheureusement, seul mon frère aîné voit le jour. Sa sœur jumelle est morte *in utero*. C'est une amère déception pour mes parents qui achèvent une grossesse difficile, Maman ayant été entièrement alitée. Elle ne pourra plus procréer. Les médecins, unanimes, lui disent :

— Vous n'aurez plus d'enfant.

La science la condamne à l'infertilité à vie. Quelques passages au bloc opératoire et cinq fausses couches plus tard, le destin leur donne raison. Ce n'est plus la peine d'y croire ! Maman doit apprendre à vivre avec sa stérilité. Ses graves problèmes de santé font disparaître ses ultimes espoirs.

Puis, un jour de printemps, comme si le Dieu créateur venait par amour imposer sa volonté supérieure aux savants, Maman se sent anormalement fatiguée et consulte son médecin. Douze ans après la naissance de mon frère, elle a tous les symptômes d'une femme enceinte. C'est impossible pour la médecine ! Toutes les pistes sont explorées, dont la plus improbable, via une prise de sang diligentée « afin d'exclure définitivement cette hypothèse ». L'incroyable est confirmé à l'annonce des résultats. Je nage dans le liquide amniotique maternel depuis quatre mois.

Issue d'une famille de maraîchers de la Vendée militaire, Maman dirige seule, pendant sa grossesse, un bar-tabac à Chemillé, un bourg près de Cholet, dans le Maine-et-Loire. Quant à mon père, originaire de la même région, il exerce un emploi d'électricien dans une grande entreprise et l'aide les soirs et week-ends. Maman réceptionne les livraisons et se charge, elle-même, de transvaser des cartons de bouteilles ou des caisses de bières de plusieurs dizaines de kilos, jusqu'au comptoir ou dans les réserves. Porter autant de charges lourdes en travaillant des journées entières, toujours debout – du matin au milieu de la nuit suivante lorsqu'il y a des concours de cartes – jusqu'au terme de la grossesse, devrait se solder par une sixième fausse couche. Tous les gestes déconseillés à une femme enceinte, elle les exécute, de manière répétitive, lors de journées harassantes, dans une épaisse fumée de cigarettes. Écrasée par l'angoisse, Maman me porte dans une indifférence apparente pour se protéger de la douleur probable de me perdre. Elle ne caresse jamais son ventre rond pour me sentir bouger. Il n'y a aucune communication entre nous ; pas un mot doux, rien. Elle donne l'impression de me rejeter, d'une certaine manière, dès le sein maternel. Plus tard, je la comprendrai sans lui en vouloir, après avoir fait moi-même deux fausses couches.

Le jour de ma naissance, je sors du ventre de ma mère avec le cordon ombilical autour du cou. Le mien est très court. Je suis en train de me pendre, le visage déjà violacé. Comme beaucoup de bébés morts étranglés, mes chances de survie semblent minces. Comprenant immédiatement le drame qui se déroule, une sage-femme expérimentée réussit à défaire le cordon par une prouesse médicale. Si elle n'avait pas eu cet éclair de génie, je serais peut-être morte ce jour-là. La vie tient à peu de choses !

Dès ma première nuit à la maternité, Maman, si peu maternelle durant la grossesse, passe des heures à me câliner tendrement et à s'émerveiller de ma venue inexplicable selon les médecins. Pour eux, je suis un « cas d'école ». Ils n'en reviennent pas. La fatigue, survenue après cet accouchement difficile, cumulée à une nuit blanche, ne diminue pas l'attention de Maman devant le nouveau-né que je suis, endormi dans les bras de Morphée. Toute l'équipe soignante reconnaît que je suis un bébé très calme. Je pleure peu. Sans me jeter des fleurs, l'enfant que je suis sent probablement qu'il faut éviter de causer des soucis à sa mère. Compte tenu de sa santé vacillante, de ses problèmes de vésicule biliaire et de pancréas, une bonne fée a dû se pencher sur mon berceau.

Le lendemain de ma naissance, Maman, qui n'est pas pratiquante, concède à ma grand-mère maternelle :

— Il vaut mieux baptiser Sonia ici, à l'hôpital. Sinon, lorsque je sortirai, elle ne le sera pas.

Pourtant, c'est une coutume dans ces années 1960. Affolée, ma pieuse grand-mère remue ciel et terre pour que je reçoive le baptême, et fait venir un prêtre. Deux jours après ma naissance, je suis donc baptisée dans la chambre d'hôpital, sans préparatifs. En plus du prêtre, nous sommes cinq : ma mère, mon père, mon parrain, ma marraine et moi.

Quelques mois après, se produit un nouveau fait étonnant. En servant à boire à ses clients au cours d'une banale journée, Maman est saisie d'un sentiment d'urgence. Certains l'appellent « l'instinct maternel », d'autres croient en l'intervention d'un ange gardien. Qu'importe ! Elle quitte immédiatement le comptoir, laisse sa caisse sans surveillance, monte l'escalier au pas de course et se précipite dans ma chambre, à l'étage. Comme cela est fréquent à l'époque, je dors sans turbulette, mais un drap me protège du froid. À force de bouger pendant la sieste, j'ai enroulé ce drap autour de mon cou. Maman me découvre prise au piège, le visage violet et les lèvres bleutées. Je suis en train de m'étouffer. Sans cette intuition maternelle, j'aurais succombé quelques instants plus tard. Malgré mon jeune âge, j'en suis traumatisée. Par la suite, dans mon petit lit en bois fabriqué par un arrière-grand-père, je refuserai systématiquement de dormir avec un drap.

Au bout d'un an, nous déménageons à Cholet, dans une ancienne auberge de la rue de la Tête-Noire. Maman adopte une petite chatte qu'elle appelle « Lolotte ». Je grandis avec elle et nous sommes très proches toutes les deux, au point que, en vacances, elle vient avec moi à la plage. Un jour, vers l'âge de 4 ans, pendant la sieste, tandis que Maman dort encore, je remarque que le portail du garage est ouvert. Plus tard, Maman me racontera que c'était la laitière qui l'avait mal fermé. J'en profite pour sortir seule dans la rue. Maman ne me trouve pas à son réveil, mais voit la chatte tourner autour d'elle et miauler avec insistance, comme pour lui indiquer quelque chose. Finalement, Maman se décide à la suivre.

Deux rues se croisent à l'angle de la maison. Ne m'y voyant pas, Maman se demande par où je suis partie. Mais Lolotte lui indique le chemin, en faisant des allées et venues pour l'emmener à plusieurs centaines de mètres. Arrivée dans le haut de la rue Saint-Pierre, Maman suit Lolotte jusqu'à la place située devant l'église Saint-Pierre. La chatte, passant entre les voitures, vient s'asseoir à mes pieds. Je suis sauvée ! Lorsque Maman racontera cette histoire à Papa, celui-ci révélera son attachement particulier pour l'église Saint-Pierre. Pendant toute son enfance, c'est là qu'il allait à la messe en famille. Et quand il était jeune électricien, il était monté sur la tête de la statue de saint Pierre pour en réparer le paratonnerre…

En repensant à ces événements, plusieurs questions me viennent à l'esprit. Comment Maman a-t-elle pu tomber enceinte alors que cela lui était impossible médicalement ? Par quel mystère une sage-femme a-t-elle su ce qu'il fallait faire pour me sauver ? Comment ai-je pu découvrir le monde au bout de neuf mois, malgré le métier éreintant de ma mère durant sa grossesse ? Comment Maman, en travaillant à son comptoir, a-t-elle pu ressentir que j'étais en danger pendant ma sieste, alors qu'aucun cri ne l'avait alertée ?

Enfin, comment une chatte a-t-elle eu l'instinct d'aider ma mère à me retrouver, malgré les dangers de la rue ?

Peut-on encore croire au hasard après un tel enchaînement de retournements de situations désespérées ? Quand on a la foi, il n'y a pas de questions. Quand on ne l'a pas, il n'y a pas de réponses. Une chose est sûre : ma petite enfance est heureuse, je suis une enfant pétillante, ma mère m'appelle son « rayon de soleil ». Mais des années plus tard, je connaîtrai une épreuve qui changera le cours de ma vie.

2

Ombres et lumières de mon enfance

En septembre 1977, je suis en classe de CM2 à l'école primaire publique, rue des Bons-Enfants à Cholet. La mixité entre progressivement dans les mœurs. Il y a six filles dans cette école de garçons, moi comprise. À cette époque-là, le harcèlement ne fait pas la une des journaux, et la parole des enfants ne vaut pas grand-chose comparée à celle d'un instituteur. Le mien est grand et chauve, et il est le directeur de l'école. Il dégage une forte odeur de Gitanes et celle d'un célèbre apéritif marseillais. Il fume quotidiennement deux paquets de cigarettes, au point où l'index et le majeur de sa main droite sont devenus jaunes. Dès l'ouverture de la classe, le matin, il est alcoolisé. Et le week-end, il accumule les verres d'alcool, cigarette au bec, dans un bar près de chez moi. À la suite du décès tragique de son épouse, un an auparavant, cet homme noie sa tristesse dans les addictions.

Dans sa classe, nous sommes trois souffre-douleur : « la Bouse », « le Rat » et « le Crapaud ». Il nous surnomme ainsi, devant nos camarades, pour différentes raisons. « Le Rat » est un petit garçon issu d'une famille très pauvre ; en raison de son origine modeste, il porte des vêtements sales et troués. « La Bouse » est un garçon corpulent, originaire du milieu agricole. Quant à moi, je suis « le Crapaud », mot qui déforme mon nom de famille. Mois après mois, la terreur s'instaure avec une hiérarchie bien établie. D'un côté, il y a le dominateur : le professeur. De l'autre, les trois dominés dociles : les élèves, trop faibles pour se défendre. Les brimades et les humiliations sont d'autant plus insupportables que le harcèlement, de la part de l'enseignant, ne connaît pas de limites. La violence verbale ne tarde pas à se transformer en violence physique : insultes, menaces, coups portés sur les fesses avec un grand compas en bois que cet homme nomme le « scar ».

Il commence par « la Bouse », au fond de la classe, maltraite ensuite « le Rat », assis au milieu de la pièce, pour terminer par moi, au premier rang. Il saisit mes mains et fait craquer tous les os de mes phalanges, une par une, pour me faire mal. Si l'une d'elles résiste, il s'acharne. Quand il est de bonne humeur, il se contente de verser l'encrier sur ma feuille pour m'obliger à recopier mon texte pendant les récréations. Ainsi, il m'exclut de mes camarades et m'empêche de nouer des amitiés en détruisant ma vie sociale, si importante pour un enfant. Quand il est de mauvaise humeur, il me frappe en public. Je reçois autant de coups que de fautes d'orthographe à la dictée précédente – parfois une dizaine. Mais je m'estime chanceuse car « la Bouse » et « le Rat » doivent se déculotter avant de s'allonger à plat ventre sur les genoux du maître, pour recevoir les châtiments corporels du « scar ». Moi, je reste habillée.

Pour chaque matière, il a son outil fétiche. Pour le français, c'est donc le « scar ». Pour les mathématiques, c'est une règle en bois de trente centimètres avec laquelle il tape sur le bout de nos doigts en cas d'erreur, lorsque nous récitons les tables de multiplication. S'il estime que nous faisons trop de fautes, il saisit une règle métallique et nous griffe la peau du dos en l'introduisant sous notre chemise par le col. La honte nous empêche de révéler ce que nous vivons à nos parents respectifs. Qui nous croirait ?

Un jour, l'horreur gagne encore du terrain. L'instituteur enfonce dans ma bouche ses deux doigts repoussants, qui tiennent généralement ses Gitanes nauséabondes. Il prend plaisir à m'érafler le haut du palais jusqu'au sang, avec ses ongles crasseux. Les jours suivants, il recommence en me donnant un haut-le-cœur, alors que j'ai à peine eu le temps de cicatriser. Mon quotidien s'apparente à un cauchemar permanent, dans une routine silencieuse. Je n'arriverai jamais à supporter l'haleine anisée de mon tyran, ni l'odeur de tabac froid de ses doigts. Comme beaucoup d'enfants maltraités, je me sens sale, rabaissée, coupable.

Avant cette année scolaire ponctuée de chocs traumatiques, je n'étais jamais malade. À partir de celle-ci, je multiplie les angines. Je suis systématiquement souffrante lors des contrôles programmés. Durant ces mois terribles, mon caractère se modifie. Comme le dira Maman : « Tu as perdu ton sourire cette année-là. » Effectivement, avant, je débordais de joie de vivre. En fin d'année scolaire, lors d'une énième angine, deux camarades de classe apportent mes leçons à la maison. L'une d'elles s'inquiète tellement de mon état de santé qu'elle provoque un déclic dans l'esprit de Maman. Ce jour-là, je suis clouée au lit avec 40 °C de fièvre. Il m'est impossible d'intervenir pour dissimuler la triste réalité. Maman questionne longuement les deux fillettes. Atterrée, elle apprend mon calvaire. Quel choc de découvrir que sa fille a été maltraitée pendant près d'un an sans qu'elle s'en aperçoive ! J'ai en effet bien caché mes blessures à mes pauvres parents, pourtant si attentionnés.

Une fois guérie, je retourne en classe sans savoir que Maman est au courant de mon supplice. Peu de temps après, elle débarque en plein cours, à l'improviste. Elle sermonne sèchement l'instituteur devant les élèves, puis dans son bureau de directeur. Ce dernier n'en mène pas large, même si Maman n'ose pas porter plainte contre lui. À la rentrée suivante, il sera promu inspecteur des écoles – pour qu'il ne puisse plus torturer d'enfants – et je redoublerai mon CM2 avec un traumatisme émotionnel. Après plusieurs tests pour évaluer mes connaissances, mon nouveau maître d'école confie à ma mère :

— Je ne sais pas comment Sonia va s'en sortir. Son niveau a chuté. Il est moins élevé que lors de son entrée en CM1 ! Je ne sais pas ce qu'on lui a fait…

Mes capacités intellectuelles se sont affaiblies, j'ai un blocage complet en français et en mathématiques. Rien que d'entendre le mot « dictée » me fait trembler d'effroi et me donne des bourdonnements dans les oreilles.

En juin 1978, suite à de mauvais résultats médicaux, mon père est opéré en urgence à l'hôpital pour une artérite à un stade avancé. Les causes en sont sa mauvaise hygiène de vie et sa tendance à boire. Les artères de ses deux jambes sont obstruées par le cholestérol ;

l'aorte et la carotide sont partiellement atteintes. Le médecin lui annonce par une phrase laconique :

— Si vous continuez à fumer et à boire, il vous reste moins d'un an à vivre.

C'est un coup de massue pour toute la famille. Mon père reste hospitalisé un mois, au cours duquel ma mère ne peut guère s'occuper de moi. Je pars donc en vacances chez ma grand-mère maternelle durant quatre semaines. Un bonheur ! Profitant des douceurs de l'été à la campagne, je partage de beaux moments de complicité avec ma cousine. Pendant des heures, nous jouons à cache-cache dans un vaste grenier, où nous sautons l'une après l'autre sur des bottes de paille. En dehors de nos jeux, nous prenons plaisir à nous occuper des animaux de la basse-cour ou à récolter les légumes du potager. Notre grand-mère nous laisse libres à deux conditions : aller à la messe le dimanche et visiter son amie paralysée avant de rentrer à la maison. Ma pieuse grand-mère veille ainsi sur nos âmes et nous initie à la charité chrétienne.

Un dimanche de ces merveilleuses vacances, ma cousine m'explique les grandes étapes de la messe, à laquelle j'assiste volontiers. Ce jour-là, je la questionne au moment de l'eucharistie :

— C'est quoi, ce truc que les gens vont chercher dans les mains du prêtre et quel est son goût ?

Ma cousine me répond qu'il s'agit d'une hostie et qu'il faudrait que je la goûte par moi-même. Comme je suis athée et non catéchisée, la curiosité me pousse à faire la queue, puis à communier après ma cousine. Le prêtre ne me dit rien. J'ai 10 ans et j'ignore tout de la foi catholique: je suis donc inconsciente de la portée de mon geste.

Je reprends ensuite ma place en maugréant parce que l'hostie est plaquée contre mon palais encore meurtri. J'essaie de la décoller avec l'index. Bien plus tard, je confesserai cet acte (que je jugeais sacrilège) lors de ma grande confession avec un franciscain. Il me murmurera:

— Ce n'était pas un péché grave. Tu n'avais pas conscience de ce que tu faisais. Compte tenu de tout ce que tu as vécu à ce moment-là, le Seigneur est venu te sauver, car tu ne recevais aucun soin.

Voilà comment le Christ fut médecin, avant l'heure, de mon être blessé.

3

Ma rencontre avec l'âme sœur

Si j'ai bénéficié d'une enfance malgré tout heureuse, je m'engage dans une adolescence délicate. La santé déclinante de ma mère modifie son caractère, et notre relation affectueuse en pâtit. Maman s'endurcit ; je n'ai plus la même protection maternelle pleine de tendresse. De plus, Papa reste physiquement marqué par sa maladie. Il est incapable d'effectuer durablement des efforts même modérés, comme tailler une haie. Quant à mon frère, en dépit d'une scolarité marquée par des absences, il obtient son diplôme et trouve un emploi dans les assurances à Paris. Il sera suffisamment bien payé pour pouvoir s'offrir des études supplémentaires et obtenir des diplômes de pilote. Voilà comment, à l'âge de 12 ans, je me retrouve seule à m'occuper de mes parents.

Ils ont acheté une maison de vacances sur l'île de Noirmoutier, au bord de l'océan Atlantique. C'est là-bas que nous nous ressourçons tous les trois. Ce havre de paix domine une plage de sable fin dont je profite aussi avec mes amies. J'aime particulièrement me promener à vélo avec elles, sur les sentiers arborés de pins. Cependant, ces plaisirs de fillette fascinée par la nature se raréfient avec le temps. La mauvaise santé de mes parents m'oblige peu à peu à les aider à entretenir leur grand jardin et à participer aux tâches ménagères. Pour améliorer leurs fins de mois, ils louent leur maison de vacances. À chaque changement de locataire, je me charge volontiers de l'état des lieux pour les prochains arrivants. C'est ainsi que j'apprends à tenir une maison, ce qui me fait mûrir tôt par rapport aux jeunes de mon âge.

À Cholet, je me confie souvent à une camarade de classe du collège. Pour me détendre, je vais régulièrement chez elle après les cours. Un jour, dans le cadre du catéchisme, elle m'invite à une fête entre jeunes chrétiens. Je l'accompagne par curiosité. Cette soirée me plaît : les participants entonnent de beaux chants. Mais comme le catéchisme est le mercredi matin, je préfère rester au lit ce jour de la semaine plutôt que de les rejoindre à nouveau. Mes parents, indifférents, ne m'encouragent pas à me rendre à cette activité. Ils se contentent de me donner une éducation stricte et juste, sans dimension religieuse. Mais le Ciel veille…

À l'aube de mes 20 ans, un samedi soir de printemps, je déambule dans les rues du centre-ville de Cholet, en compagnie d'une amie. À l'angle d'une rue perpendiculaire à la mairie, cette dernière reconnaît un ami de longue date, assis dans un bar. Nous entrons pour le saluer. Je me présente à ce grand inconnu aux yeux verts, qui est attablé avec ses amis motards pour boire une bière. Une rencontre très peu romantique ! Par un heureux hasard, Philippe se souvient de moi car nous étions scolarisés dans les mêmes établissements, du primaire au collège. Quant à moi, je ne le reconnais pas du tout: nous n'avons jamais été dans la même classe ni au même niveau.

Nous avons néanmoins usé nos chaussures dans les mêmes cours de récréation, déjeuné dans les mêmes cantines, fréquenté les mêmes amis qu'il rencontrait au catéchisme et moi en classe. Malgré ces chemins parallèles, la probabilité d'une telle rencontre à Cholet était faible. Il ne se passe rien d'extraordinaire ce soir-là, hormis des plaisanteries de mauvais goût et quelques parties de billard. Les motards, leur blouson en cuir et leur goût délirant pour la vitesse ne m'attirent pas. Toutefois, sur l'insistance de mon amie, un groupe se constitue: nous nous retrouvons régulièrement pour passer nos week-ends ensemble. De fil en aiguille, Philippe et moi apprenons à nous apprivoiser amicalement, puis amoureusement.

Les premières années de notre idylle sont émaillées de multiples clins d'œil du Ciel, que mon esprit cartésien nie jusqu'à l'absurde. Par exemple, un jour, Philippe et moi croisons, à Cholet, un de mes amis ébahi de nous voir ensemble, main dans la main. C'est un camarade de lycée de Philippe, avec qui je passais des week-ends quelques années auparavant. Philippe et moi avons beaucoup de connaissances communes. Un deuxième exemple: nous sommes capables de rester longtemps muets, côte à côte, et il nous arrive fréquemment de briser le silence en prenant la parole en même temps, en utilisant les mêmes mots, pour évoquer les mêmes situations impliquant les mêmes personnes, alors que rien ne le laissait présager. Cette synchronicité nous arrive tellement souvent que nous éclatons de rire à chaque fois! Comme dit l'expression, nous sommes toujours « sur la même longueur d'onde ». Autre fait curieux : je suis née neuf mois après Philippe. On dirait presque qu'à sa venue au monde, le « hasard » m'a créée pour lui prévoir une future épouse.

Enfin, voici une autre anecdote qui nous ramène à mon enfance : j'appelais alors toutes mes poupées « François », sans savoir pourquoi. Quand Philippe me présente à sa famille et que je discute avec ma future belle-mère, la question du choix du prénom de son fils est évoquée. Sa réplique me déconcerte :

— Je ne souhaitais pas l'appeler Philippe, explique-t-elle. C'est son père qui a insisté. Je voulais l'appeler François !

Comme si, dès l'enfance, mes poupées étaient habitées par un personnage imaginaire qui deviendrait mon futur époux…

4

Notre mariage

C'est la Saint-Médard. Le déluge de pluie de la veille n'est plus qu'un lointain souvenir. Par la fenêtre de la maison de Noirmoutier, je distingue, au-dessus de l'océan, deux mouettes qui volent ensemble vers l'inconnu. Comme elles, je m'apprête à voler de mes propres ailes auprès de Philippe. Hormis la météo, tout a été soigneusement pensé, préparé, organisé. Mais il y a une ombre au tableau : tout en respectant poliment mon choix, ma mère n'apprécie pas beaucoup Philippe. Elle aurait préféré que j'épouse un homme riche, de bonne famille, capable de me mettre à l'abri du besoin pour toujours. Sans faire de la psychologie, ma mère ne veut pas que j'aie une vie similaire à la sienne. J'ai encore en mémoire ces paroles qu'elle me répétait sans cesse :

— Sonia, tu dois travailler pour être indépendante. Si ton mariage coince, il faut que tu puisses partir. Ne fais pas comme moi !

Philippe tient à se marier à l'église, selon la tradition chrétienne. Je cède à son désir par amour, mais en demandant une simple bénédiction nuptiale. Une messe complète avec la communion est au-dessus de mes forces. Nous avons négocié une préparation religieuse à Cholet, et nous avons choisi de célébrer notre mariage à Noirmoutier, puisque c'est le seul lieu où je me sens heureuse. Grâce à une amitié entre mon père et un élu insulaire, mon vœu peut se réaliser.

Après le passage à la mairie, les cloches de l'église annoncent l'imminence de la cérémonie religieuse. Les invités se rassemblent sur le parvis. Je suis appuyée au bras de mon père, qui est souriant et tiré à quatre épingles. Pendant que tous attendent pour entrer dans l'église, ma belle-mère, ma mère et ma belle-sœur règlent les ultimes préparatifs. Du moins je le crois… car je ne les vois pas revenir. Des visages inquiets remplacent les sourires joyeux. Que se passe-t-il ?

Un obstacle majeur entrave la bonne marche de la cérémonie. La veille, le prêtre a décelé mon indifférence religieuse lors de nos échanges tendus, au cours desquels Philippe a servi de tampon. Inflexible, il refuse de nous bénir en raison du mauvais emplacement des chaises des mariés. Comme cela se fait dans certains mariages, j'avais décidé que nous serions placés légèrement de côté, tournés vers l'assemblée pour que tout le monde puisse nous voir. Mais ce qui a été convenu entre le prêtre et moi, lors de la répétition, n'a plus de valeur. Si les voies du Seigneur sont impénétrables, celles de ses serviteurs posent parfois quelques problèmes ! Ce prêtre a changé d'avis et refuse catégoriquement de m'unir à Philippe si nous ne déplaçons pas les chaises. Suivant la tradition, il exige notre présence au milieu de la nef, face au tabernacle et dos à l'assemblée.

Mon athéisme borné refaisant surface, je prépare déjà mon père à nous diriger directement dans la salle où le vin d'honneur est servi. Philippe est mal à l'aise. Pour moi, la cérémonie n'aura pas lieu. Au bout d'un long moment, les efforts diplomates de ma famille ont toutefois raison de l'obstination justifiée de l'ecclésiastique. Ce dernier cède à mes conditions. Soulagés, les convives prennent place sur les bancs après une attente interminable.

Le cortège nuptial fait son entrée sous des regards attendris. Philippe s'avance, apaisé, dans son élégant costume bleu, aux côtés de sa mère émue. J'entre la dernière, au bras droit de mon père. À la hauteur du prêtre, je ne peux m'empêcher de décocher une phrase lapidaire. Mon père se fait tout petit. Il y aurait moins de tensions à un match de boxe ! Enfin, je prends ma place en regardant mon futur mari amoureusement. Le prêtre restera de mauvaise humeur toute la journée, bâclant la cérémonie, refusant les photos souvenirs et déclinant l'invitation au vin d'honneur. L'essentiel sera tout de même acquis : ce jour-là, Philippe et moi échangeons nos consentements et alliances pour la vie.

En raison des lourdes dépenses engagées pour notre mariage, nous optons pour un voyage de noces peu onéreux. Pendant un mois, nous restons à Noirmoutier, dans notre maison de vacances désertée par mes parents compréhensifs. Malheureusement, une pluie exceptionnelle pour un mois de juin gâche cette période vécue en amoureux. Curieusement, mon corps de jeune femme prend vite des formes arrondies. Un test de grossesse, acheté en pharmacie, s'avère positif. Mon futur bébé, François[1], était l'invité surprise de

1. À part ceux de ma mère et de mon mari, les prénoms ont été modifiés.

notre mariage! Le mois suivant, lorsqu'une prise de sang, réalisée à la demande de mon médecin, confirme la grossesse, je déborde de joie. Une envie folle de partager mon bonheur me traverse l'esprit. J'appelle ma mère pour lui annoncer cette merveilleuse nouvelle:

— Maman, tu vas être grand-mère!

— Quoi! C'est une catastrophe, ma chérie… Il faut que tu avortes!

Quel choc! Pendant un instant de silence, des larmes roulent sur mon visage muet. Ce n'était pas une plaisanterie de mauvais goût: ma mère pense sincèrement à faire interrompre la vie qui naît en moi. Mon cœur en est transpercé. Pourtant, elle n'a pas d'arguments: une collectivité territoriale a embauché Philippe en contrat à durée indéterminée, et j'ai décroché un emploi d'ambulancière. Nous sommes mariés, installés dans la vie, bénéficiant d'un salaire tous les deux, locataires d'un appartement à Cholet depuis peu. Absolument rien ne justifie la réaction de ma mère. Le plus traumatisant est son manque de joie d'être grand-mère, alors que je chérissais l'espoir de devenir maman depuis l'enfance. Comment a-t-elle pu prononcer de telles paroles à sa fille unique? Notre relation était déjà difficile, elle risque de le devenir davantage. Je m'attends à ce que la grossesse de mon premier bébé soit compliquée.

5

Une famille nombreuse

Le matin où je révèle à mon employeur que j'attends un heureux événement, il se désole car selon lui, mon absence va désorganiser l'entreprise. Dans l'après-midi, malgré deux avis médicaux qui me l'interdisent, il m'oblige à exécuter trois brancardages à l'hôpital, en plus de quelques déplacements. Conduire des centaines de kilomètres par jour m'est déjà fortement déconseillé ; si bien que le fait de pousser trois malades alités de près de quatre-vingt-dix kilos m'emmène, le soir même, à m'effondrer sur le canapé. Mon corps est perclus de douleurs. Inquiet, Philippe me conduit chez notre médecin qui signe un arrêt de travail immédiat, puis m'envoie chez un gynécologue pour une consultation en urgence. Au cours de celle-ci, j'ai des contractions inquiétantes. Verdict : à trois mois de grossesse, je dois rester à la maison au repos le plus complet. J'échappe de justesse au cerclage, acte chirurgical qui consiste, par un soutien mécanique, à réduire le risque d'accouchement prématuré, très élevé dans mon cas.

Je rentre à la maison avec le moral en berne. Je dois y rester confinée, alitée pendant cinq mois, avec interdiction formelle de sortir jusqu'à la naissance de mon bébé, hormis pour des consultations gynécologiques. Cette période est, psychologiquement, difficile à vivre. Résultat : moi qui n'étais pas bien épaisse, je m'enrichis en kilos ! Mon pauvre Philippe en voit de toutes les couleurs avec mes envies irraisonnables de femme enceinte. À huit mois de grossesse, le gynécologue me libère d'un isolement forcé : mon premier enfant pourra naître dans de bonnes conditions. Je rattrape le temps perdu en multipliant les évasions dans les magasins ou en me baladant à pied. Trois jours après, François voit le jour, en pleine forme, après seulement trois heures de travail.

Philippe et moi ne tardons pas à faire des démarches pour faire construire notre maison, afin d'y accueillir nos enfants. Nous voulons une famille nombreuse. Quand notre demeure est enfin terminée, les vices cachés foisonnent. Pendant cinq ans, plaintes, procès, argent bloqué à la banque s'accumuleront… Le stress de ces démarches administratives engendrera deux fausses couches. Mon gynécologue m'invite à me reposer pour me changer les idées, si je veux avoir d'autres enfants. Mais comme il faut toujours garder l'espérance, je tombe enceinte de Clothilde. Arriveront ensuite Thibault puis Pauline. Au total, quatre heureux événements en dix ans. C'est un grand bonheur !

Pour autant, mon métier d'ambulancière devient incompatible avec une vie familiale épanouie. Je travaille six jours sur sept, me levant à 5 heures du matin pour revenir à la maison vers 21 heures le soir, au plus tôt. Ma vie privée dépend des retards cumulés des rendez-vous médicaux des malades que je transporte. Avec ces absences prolongées, le sentiment d'être une mère absente me plombe le moral. La décision de mettre un terme définitif à ce rythme excessif s'impose. Je la prends à contrecœur car j'aime être au contact des patients. Mais dans l'intérêt supérieur de ma famille, elle est nécessaire.

En accord avec Philippe, je reste à la maison pour élever nos quatre enfants à temps plein. C'est donc un choix librement accepté des deux côtés: dans ces années 1990, notre famille peut vivre correctement sur le salaire de mon mari fonctionnaire. Cependant, à mesure que nos enfants grandissent, la nécessité d'un deuxième salaire s'impose pour subvenir aux nombreux besoins de notre foyer. Par amour des enfants et motivés par l'idéal d'aider ceux qui sont malmenés par la vie, Philippe et moi déposons un dossier de candidature pour devenir famille d'accueil. Il est accepté. Voilà comment nous sommes passés de quatre à cinq puis à sept enfants, réunis dans le sein familial. Un sacré défi!

Compte tenu de l'attachement de mon époux aux valeurs chrétiennes, nous discutons régulièrement de la question du baptême de nos enfants. Je finis par en accepter l'idée à une condition: qu'ils soient baptisés ensemble lors d'une cérémonie religieuse privée, sans la présence d'autres familles. J'écarte en effet la possibilité qu'il y ait d'autres enfants à baptiser ce jour-là. Or, notre paroisse du bocage vendéen ne peut pas accéder à ma requête. De plus, les deux années de catéchisme à suivre sont incompatibles avec mon état d'esprit et mon manque d'implication personnelle. Ces obstacles sonnent le glas des derniers espoirs de Philippe. Nos enfants ne seront pas baptisés, sauf si un miracle s'en mêle!

Un matin de printemps, je réfléchis à l'opportunité d'aller rendre visite à mes parents pour la fête des mères. Cela ferait du bien à nos enfants de voir leurs grands-parents, et réciproquement. Hélas, au téléphone, ma mère refuse notre visite. Mon frère est chez eux; fatigué, il ne supporte pas le bruit des enfants et ne souhaite pas que nous venions. Le dernier souvenir que j'aurai de Maman, ce sont donc ses mots désagréables, en réponse à mon désir de venir lui offrir un bouquet de fleurs. Sa réaction blesse mon cœur et j'en pleure toute la nuit.

La semaine suivante, un accident vasculaire cérébral la foudroie. Je la revois, pour la dernière fois, sur un lit d'hôpital, sous respirateur, inconsciente, intubée. Les dégâts au cerveau sont irréversibles. Quelques jours après, le 15 mai 2000, elle entre « dans l'éternité ». Le jour de sa sépulture, je m'en veux de n'avoir pas suffisamment de chagrin. La dureté de ma mère m'a tellement fait souffrir que mon affection pour elle semble éteinte. Pour autant, je ne peux pas dire qu'elle ne m'aimait pas; elle m'aimait à sa manière, avec beaucoup de maladresse.

Trois ans après sa disparition brutale, je reçois un appel téléphonique inquiétant de l'hôpital de Nantes. Il concerne mon père. Ses derniers résultats d'examens médicaux semblent mauvais. Quand je retrouve Papa juste avant son rendez-vous avec l'oncologue, il me murmure de sa voix frêle et affectueuse, sur son brancard:

— Sonia, depuis l'âge de 10 ans, tu t'occupes de moi. Tu as toujours été au courant de tout. Il n'y a pas de raison que le médecin ne te dise pas tout de ma maladie.

L'oncologue me reçoit juste après et m'explique la cruelle vérité. Il me liste les cancers qui rongent mon père: prostate, langue, poumons, cerveau... En fait, un cancer généralisé le condamne à court terme.

Papa sait qu'il va mourir et qu'il ne peut pas rester chez lui. Lui trouver un lieu digne pour sa fin de vie est un véritable parcours du combattant. Enfin, après de longues recherches, une maison de convalescence médicalisée à Noirmoutier l'accepte. Pour lui rendre visite trois à quatre fois par semaine, je commence un marathon entre notre maison et cette île. Jour après jour, je m'épuise à avaler les kilomètres au volant de ma voiture, à rentrer tard la nuit, à enchaîner les journées en m'occupant des enfants. Un soir, j'échappe d'extrême justesse à un accident. En pleurs au volant, je lance un cri de détresse comme on jette une bouteille à la mer:

— C'est impossible! Je ne sais pas combien de temps je vais pouvoir tenir...

Quelques semaines plus tard, une infirmière m'appelle:

— Votre père ne s'est pas réveillé, il est dans le coma.

Deux heures après, sa main gauche repose entre mes mains. Intubé, sous respirateur, il mangeait de la bouillie depuis longtemps. C'est la fin. À une heure du matin, je reprends la route malgré l'envie de rester près de mon père mourant. De retour à la maison, impossible de m'endormir. Deux heures passent, le téléphone sonne. C'est encore l'infirmière.

— Votre papa est décédé.

Des regrets jaillissent de mon cœur gonflé de chagrin. J'aurais tellement voulu être auprès de lui pour son grand départ ! Ce sont des remords inutiles. Mon père avait avoué à cette infirmière qu'il désirait mourir seul pour ne pas me faire souffrir. Une mort pudique qui lui ressemblait, conformément à son affection paternelle.

Nous sommes le 19 mars 2004. Ces jours malheureux ont ennobli, à mes yeux, l'idée du mariage et de la famille. Philippe s'est montré exemplaire au cours de cette longue épreuve, durant laquelle ma tête avait besoin de se reposer sur des épaules solides. Mon tendre mari s'est sacrifié en prenant des congés pour me permettre de me rendre au chevet de mon père. Sans jamais se plaindre, il s'est occupé de nos enfants. Il s'est effacé devant mes priorités en vivant ce service dans l'amour, suivant la loi naturelle : la famille d'abord.

Si Philippe parle beaucoup en temps ordinaire, il préfère le silence aux paroles superflues, essuyant mes larmes, me ramenant à l'essentiel, à des valeurs humaines sûres. Il agit avec humilité, dans la vérité des relations conjugales, en étant toujours prêt à m'aider. Je sais que, en toutes circonstances, je pourrai compter sur lui. Je mesure la chance d'être son épouse. Quant à lui, il est prêt à accueillir ce que la Providence a prévu pour nous.

Deuxième partie

LES PREMIERS FRUITS DE MA « RÉVÉLATION »

6

Mon combat intérieur

Le lendemain du 4 mars 2016, jour de ma « révélation » reçue par l'anneau de Jehanne d'Arc, je me réveille, stupéfaite. Ce feu intérieur brûle encore dans mon cœur. Je pensais que cet état ne serait que passager, mais il ne faiblit pas. Ce que j'ai vécu est donc bien réel, et la fatigue n'en est pas la cause. La foi est là, au fond de moi. Je n'ai ni imaginé ni affabulé. Le premier sentiment qui m'anime est la déception : j'aurais préféré qu'il s'agisse d'un mauvais rêve, car je ne comprends pas ce qui m'arrive. Cela me fait peur. Pour une raison inconnue, ma vie m'échappe. Qui est cette entité, cet être mystérieux ? D'ailleurs, comment le nommer ? Une chose est sûre : ma transformation intérieure est inexplicable.

Malgré son sincère soutien, Philippe ne peut pas répondre à toutes mes questions. Lui non plus ne comprend pas ce qui m'arrive. Il a beau croire que le monde est régi par Dieu, il ne pratique pas sa foi chrétienne. Lorsqu'il était enfant, ses parents l'emmenaient, avec son frère et sa sœur, à la messe du dimanche. C'était la tradition, mais lorsque l'Église leur a semblé s'éloigner de la marche du monde, ils l'ont abandonnée.

Au petit déjeuner, Philippe prépare ses biscottes beurrées près de moi lorsque Pauline, notre fille de 14 ans, entre en bâillant. C'est la benjamine de nos quatre enfants. D'un tempérament joyeux et entier, elle se rend toujours disponible pour aider les autres. J'ose prudemment aborder le sujet qui me perturbe, en évoquant la réunion des Puyfolais de la veille. Mais quand je parle de l'anneau de Jehanne d'Arc, la réaction de Pauline est sans appel :

— Tu plaisantes ? Jehanne d'Arc n'a jamais existé !

— Quoi ? Mais qu'est-ce qu'on vous apprend à l'école ? C'est un fait historique ! Tiens, regarde la photo que j'ai prise de l'anneau. Certes, tu peux douter de son authenticité, mais tu n'as pas le droit de dire que Jehanne d'Arc n'a jamais existé. C'est n'importe quoi !

La réaction négative de Pauline tempère mon désir d'en dire plus. Je n'avais pas envie d'ébruiter mon « retournement » intérieur mais là, c'est la douche froide. Et quand Thibault, l'avant-dernier de la fratrie, s'assoit à mes côtés pour prendre son petit déjeuner, il n'est plus question d'évoquer Jehanne d'Arc ni ce qui m'est arrivé. Qui peut donc m'aider ? Dans le brouillard de mes pensées, me vient l'idée d'appeler Agathe, une amie d'enfance dont je suis très proche. Étant catholique pratiquante, elle répondra sûrement à mes questions !

Dès que l'occasion se présente, je saisis le téléphone et me calfeutre dans ma chambre, dans l'espoir que personne n'entende ma conversation. Je lui parle de la réunion au Puy du Fou et lui révèle que j'ai touché l'anneau de Jehanne d'Arc et que, à ce moment-là, j'ai été saisie par quelque chose d'incroyable.

— J'ai maintenant la certitude qu'un monde invisible existe, lui dis-je.

— Mais c'est formidable ! Ça fait dix ans que je prie tous les soirs pour ta conversion ! J'ai même prié pour celle de toute ta famille à Lourdes. Tu te rends compte, Sonia, tu as reçu une grande grâce ! C'est le Seigneur qui t'a touchée. Je peux te présenter un prêtre que je connais, tu en discuteras avec lui.

— Attends, du calme ! Il faut d'abord que je comprenne ce qui m'arrive. Oui, c'est quelque chose ou quelqu'un qui m'attire. C'est plus fort que moi. Je ne trouve pas les mots.

— Sonia, le Seigneur t'aime et il a un plan pour toi. Je peux venir prendre un café la semaine prochaine, si tu veux. D'ici là, si tu souhaites aller à la messe, mieux vaut que tu ailles chez les franciscains de Cholet. Là-bas, les offices sont fervents, chantants et charismatiques... Vas-y avec Philippe !

— Ah, bon ? Il faut qu'on aille à la messe tous les dimanches, maintenant ?

— Essaie au moins une fois, tu verras !

— D'accord. Mais tu n'en parles à personne !

— Promis !

Le lendemain matin, les rayons du soleil se faufilent à travers les interstices des volets de notre chambre. C'est dimanche. Ni une ni deux, Philippe se lève énergiquement. J'en profite pour m'étaler confortablement dans notre lit douillet en remontant la couette jusqu'aux épaules. Je n'ai pas envie d'aller à la messe. Ce n'est pas le cas de Philippe : sa foi s'était endormie, mon « coup de foudre » spirituel l'a réveillée.

À plusieurs reprises, il essaie de me tirer du lit pour que je m'habille. En vain. Une lutte intérieure commence, comme si mon cerveau se scindait en deux. On dirait qu'une voix mielleuse me susurre :

— Reste là, repose-toi, tu es bien comme ça. En plus, tu n'as rien préparé à manger pour ce midi !

Ce à quoi une autre voix semble répondre :

— Viens, je t'attends…

Ce double sentiment est aussi désagréable que les remontrances de Philippe. Je finis par sortir du lit péniblement, avec la sensation d'être plus lourde et fatiguée que d'habitude.

Au couvent des franciscains, une amie puyfolaise nous accueille avec joie. À son visage souriant lorsque nos regards se croisent, je comprends qu'elle est heureuse de nous voir ici. Nous nous installons discrètement sur un banc en bois, à l'arrière de la chapelle. Je prends mes marques. Les vitraux diffusent une lumière limpide. Le parfum de l'encens nous enveloppe. Les flammes des cierges signalent la présence silencieuse de l'invisible. L'atmosphère générale est au recueillement. La messe commence, mon apprentissage spirituel également. C'est ma phase d'observation.

Après plusieurs minutes, mon ignorance m'horrifie. Je ne comprends rien, je ne sais pas quand m'asseoir ni me mettre debout, je n'ose pas chanter… Les yeux cachés derrière ma feuille de messe, je suis mal à l'aise. Quand cet office va-t-il finir ? Après la communion, je m'aperçois que Philippe pleure à chaudes larmes. Il est ailleurs et semble très heureux. Son visage resplendit. Au bout de longues minutes, sa voix fébrile énonce ces mots :

— Enfant, je ne me posais pas la question de savoir si le Seigneur était présent dans l'hostie. Maintenant, je sais que c'est vrai !

Est-ce que Dieu est venu le toucher après moi ? De messes dominicales en messes dominicales, ma foi s'installe tout doucement. Ce morceau de pain blanc que les mains du célébrant élèvent à chaque consécration, je commence à le voir avec les yeux du cœur. Une certitude monte en moi : le Christ est là, pleinement présent, dans cette hostie consacrée. Ce n'est pas une vérité humaine, c'est la vérité céleste. Un jour, touchée aux larmes pendant une messe, je voudrais m'allonger par terre en forme de croix, me sentant infiniment petite devant l'immensité de cet amour du Christ. Je demande pardon au Seigneur pour mes multiples péchés, offenses et négligences, commis depuis ma naissance.

À la communion, je m'avance vers l'autel, les bras croisés sur la poitrine, comme Philippe me l'a conseillé, pour indiquer que je ne peux pas recevoir l'eucharistie. Devant l'autel, le franciscain me bénit. Dans mon cœur, c'est une torture de ne pas pouvoir recevoir le corps du Christ. Un prêtre m'a expliqué que je pouvais offrir cette souffrance pour les malades, les pécheurs, les âmes du purgatoire. En tout cas, je commence à comprendre que « l'entité » qui m'a saisie le 4 mars dernier, par l'anneau de Jehanne d'Arc, c'est bien ce Dieu trinitaire. Joie ! J'ai hâte de faire ma première communion de convertie – puisque ma première rencontre avec l'hostie avait été inopinée. Cependant, ce ne sera pas tout de suite. Je n'ai d'ailleurs pas encore reçu le sacrement de la confession. Et pourtant, le Seigneur semble déjà vouloir m'enseigner certaines vérités : à peine ai-je appris son existence qu'il va m'apprendre que le diable existe aussi.

7

Dieu existe, mais le diable aussi !

Un soir, j'accompagne Agathe et son fils chez l'exorciste d'un diocèse qui nous reçoit pour la première fois. Il nous convie à entrer dans son immense bureau, rempli d'ouvrages rangés sur des étagères. C'est une chance pour moi de pouvoir rencontrer ce prêtre, car sa réputation est excellente. Il a accepté de nous recevoir sur les vives recommandations d'amis en commun, fortement interpellés par les nombreux malaises d'origine inexpliquée de Tom, un adolescent de 15 ans. Selon eux, pour obtenir sa guérison, il faut explorer la piste spirituelle.

Agathe, Tom et moi nous installons sur de confortables fauteuils. La discussion s'engage sur l'objet de notre venue. Agathe explique qu'un bilan global a été pratiqué par les médecins : ils n'ont trouvé aucune explication à l'état de son fils. Faute de diagnostic précis, l'un d'eux a juste évoqué un éventuel problème neurologique, ne sachant pas quoi dire d'autre. Désemparée, Agathe détaille au prêtre l'état inquiétant de Tom depuis des mois. Celui-ci oscille entre une apparence de normalité et des crises spectaculaires qui se manifestent de différentes manières, à tout moment et n'importe où ; bien qu'il soit très pieux et qu'il n'ait jamais touché à la magie, elles se caractérisent par une aversion pour le sacré (et tout particulièrement pour le Saint-Sacrement), une agitation importante de son corps, une impossibilité d'entrer dans certains bâtiments, des menaces incontrôlables à l'égard des prêtres, des saignements de nez. Elles compliquent sa scolarité et finissent par l'exclure socialement.

Lorsque ces crises se produisent, Tom est dans un état second. Quand il revient à lui, il a faim, se sent fatigué et ne se souvient de rien. C'est comme si deux consciences cohabitaient en lui : celle de sa personne « normale » et celle d'une autre personne « habitée » par une force négative. Autre excentricité : récemment, à la grande surprise de son professeur, Tom a rédigé son devoir scolaire en hébreu, langue qu'il n'a jamais apprise. Contacté pour donner son avis, un prêtre fin connaisseur des langues mortes a pu traduire ce texte. L'adolescent avait écrit « Jésus-Christ est mort » des dizaines de fois, sur une page double complète, en moins de trente minutes. Afin de vérifier que l'adolescent n'aurait pas pu, de lui-même, concevoir cette traduction, le prêtre lui a demandé d'aligner quelques mots en hébreu : Tom s'en est alors montré incapable.

Immobile sur son siège, Tom est physiquement là, avec nous, mais semble ailleurs. L'exorciste le remarque, saisit un livre rouge, et le pose délicatement devant lui. Aussitôt, ce dernier se raidit, serre les dents, enfonce ses doigts dans les accoudoirs. Son regard devient noir jusqu'à nous donner une crainte légitime, puisque c'est le scénario habituel avant chaque crise.

Sur la couverture de cet ouvrage est écrit : *Rituel de l'exorcisme et prières de supplication*. Le prêtre ouvre le livre et en commence la lecture à voix haute.

Après une heure de prières en latin, au cours desquelles Tom a eu des réactions violentes, nous faisons une pause qui est la bienvenue. L'adolescent s'est endormi. L'exorciste interpelle Agathe :

— Je vais vous donner mon point de vue. Sur le plan spirituel, Tom présente les caractéristiques d'une possession démoniaque. Cela ne lui est pas venu par hasard. Une porte d'entrée a été ouverte dans son corps aux esprits mauvais. Des personnes mal intentionnées ont pu vouloir l'atteindre – lui ou vous-même, Agathe. Auriez-vous reçu des menaces de quelqu'un par le passé ou avez-vous eu connaissance d'un rituel qui aurait été fait contre vous par une de vos connaissances ? Vous m'avez indiqué que vous avez été consacrée à Jésus et Marie dès votre naissance, vous êtes donc protégée. Il est possible que votre fils subisse des attaques qui vous auraient été adressées. En priant, je note que Tom s'agite brutalement à certains mots liés à la pratique de la magie noire.

— Vous voulez dire qu'il aurait été victime de cette pratique ? lui répond Agathe.

— Il faut être très prudent, mais les exorcistes constatent la nocivité des pratiques de magie, en pleine expansion ces derniers temps. Lorsque des personnes viennent me voir en s'estimant tourmentées par des puissances maléfiques, je dois les accueillir, les écouter, prendre au sérieux leur souffrance, tout en gardant une certaine prudence, car il est facile de se tromper. Étant donné l'inefficacité du parcours médical de Tom, je vous propose d'essayer le grand exorcisme. Nous verrons comment il réagira.

Tandis que le ministre de Dieu poursuit les prières de son livre rouge, Agathe fouille dans sa mémoire et lui donne les prénoms de personnes susceptibles de lui avoir voulu du mal. Soudain, à l'instant où le prêtre prononce celui de Coralie, Tom tape un grand coup par terre alors qu'il était endormi. Je vois les quatre pieds de son siège se soulever en même temps d'au moins deux centimètres ! Est-ce que j'ai rêvé ? L'exorciste reprend ses prières comme si de rien n'était. Chaque fois que Coralie est citée, le démon hurle d'une voix rauque à travers Tom :

— J'aurai ta peau, Agathe !

Ou bien :

— Il est à moi, et Coralie est à moi aussi !

Agathe et moi sommes effrayées. Ainsi, je me rends à l'évidence : le diable existe vraiment ! Mais la puissance rédemptrice du Christ et de la prière fait son effet. Tantôt Tom chuchote de manière continue dans un langage incompréhensible, tantôt il se réveille en vociférant des menaces envers l'ecclésiastique et en cherchant à arracher sa soutane. Ce dernier, visiblement habitué, se protège en pulvérisant de l'eau bénite chaque fois que Tom s'approche trop près de lui. Les marques d'un rouge éclatant qui apparaissent sur la peau de l'adolescent donnent l'impression que l'eau bénite la brûle. Après une énième aspersion, comble de l'horreur, Tom se jette à terre puis rampe comme un serpent en me poursuivant… un geste que sa grande taille devrait rendre compliqué !

Affolée, j'ouvre la porte et je quitte la pièce. Dans ma fuite, j'entends derrière moi l'exorciste prendre autorité sur le démon. Tom se soumet aux ordres professés en cessant de me poursuivre. Je reprends alors ma place, très émue. Tom m'observe d'un regard plein de haine, puis révèle mes récentes scènes de ménage en reprenant les mots exacts de Philippe ou les miens... alors qu'il n'a jamais été témoin de ces disputes conjugales ! J'en suis médusée. J'ai à peine le temps de me ressaisir que le lourd fauteuil sur lequel Tom est assis recule subitement sur moi et m'écrase contre un mur de la pièce. Agathe et moi sommes sidérées.

Je me mets à prier intérieurement des *Je vous salue Marie* en boucle, les yeux fermés. Tom se tourne alors vers moi et « l'Autre[1] » me dit :

— Ta g... !

Surprise, je me demande la raison de cette insulte, car j'étais en silence. Je me remets à prier intérieurement et la scène recommence. Perplexe, je décide d'essayer d'arrêter de prier. C'est alors que j'entends :

— Tu vois, tu la fermes, ta g... !

Presque amusée, je reprends ma prière, mais l'Autre réagit aussitôt :

— Je t'ai dit de te taire !

J'en déduis que le démon sait quand nous prions ou pas, sans qu'aucun indice extérieur ne permette de l'entrevoir. Quelque temps s'écoule et il me lance :

— Toi, tu es encore à moitié à moi !

Je me tais. À la fin de la séance, j'interroge l'exorciste pour savoir pourquoi l'Autre a proféré cela à plusieurs reprises. Le prêtre me répond :

1. Expression souvent utilisée pour désigner le diable.

— Sonia, vous êtes en chemin de conversion. Vous n'avez pas encore reçu tous les sacrements. Donc pour lui, vous lui appartenez encore un peu.

Je prends alors conscience de la nécessité de recevoir tous les sacrements pour être protégée. Néanmoins, comme me l'a expliqué l'exorciste, seul le Christ peut descendre à la pointe d'une âme pour la guérir, la consoler, la libérer, alors que le diable ne peut pas y accéder. C'est la limite de son pouvoir. À la fin de nos huit heures de prières, les croix apparues sur la peau écarlate de Tom ont disparu mystérieusement. Son premier exorcisme est terminé. Ce fut éprouvant pour nous trois. Cet adolescent est un rare cas de possession démoniaque qui nécessitera l'intervention de trois exorcistes, pendant quatre années. Il sera libéré un 15 août, en la fête de l'Assomption. Ainsi, les prières que nous aurons faites à Marie pour demander l'intervention de son Fils seront entendues !

8

La « rencontre » de Pauline

Le dimanche 20 mars 2016, quelques jours seulement après ma « révélation » et cette rencontre d'un prêtre exorciste, a lieu au Puy du Fou la cérémonie officielle d'accueil de l'anneau de Jehanne d'Arc, pour son retour en France. Malgré la fraîcheur de ce début de printemps, il fait un temps magnifique. Plusieurs milliers de personnes, manifestement enchantées, s'assemblent dans la cour du château. Les visages joyeux de la foule tranchent avec la mine déconfite de ma fille adolescente, Pauline, qui exprime son vif mécontentement d'être là. J'avais décidé de l'emmener pour lui montrer que Jehanne d'Arc a bien existé, mais il a fallu dépenser une énergie décuplée pour la convaincre de venir. Je ne comprends pas pourquoi puisque, d'habitude, c'est elle qui nous pousse à participer à tous les événements et animations au Puy du Fou. Agathe est à nos côtés, avec Tom. Nous avons réussi à nous faufiler au premier rang des invités, près de la loggia, en nous joignant à une famille d'inconnus avec qui nous avons sympathisé à l'entrée. Quelle chance !

La cérémonie commence. Une fanfare militaire fait son apparition par le porche du château Renaissance et s'avance dans la cour, devant deux longues files de Saint-Cyriens en tenue de cérémonie. Les tambours et les clairons de la fanfare militaire accompagnent cette solennité. Des anonymes brandissent fanions ou drapeaux aux armes de Jehanne d'Arc, rappelant son histoire. Puis des chevaliers s'engagent sous le porche du château sur des chevaux parfaitement dressés, malgré le niveau sonore élevé de la musique. Ce sont des notes émouvantes, en particulier celles du spectacle du *Secret de la Lance* du Grand Parc.

Le moment tant attendu arrive : Nicolas de Villiers monte à la terrasse du château et annonce l'arrivée de l'anneau de Jehanne d'Arc, en s'excusant de son retard. À l'instant même, Tom se raidit bizarrement. Son regard perdu devient noir et son corps se met à trembler. Avec Agathe, nous nous regardons en pensant à la coïncidence entre l'arrivée de l'anneau et le comportement de l'adolescent. Consciente du drame qui risque d'arriver, j'interviens immédiatement en serrant fortement ses mains dans les miennes, tout en le fixant droit dans les yeux :

— Tom, concentre-toi sur ce que tu vois ! Ne pense plus qu'à ça. Et toi, le Malin, tu dégages ! Tu n'as pas intérêt à venir maintenant !

Après un court laps de temps, Tom réussit à se maîtriser. Des soldats en armures d'autrefois entrent alors par le porche du château, en portant un lourd brancard en bois qui me fait penser à un carrosse royal. Nous sommes très émues de le voir passer devant nous, reconnaissantes de pouvoir assister à la suite de cette cérémonie sans que Tom ne cause de nouveaux problèmes. L'anneau de Jehanne d'Arc est soigneusement cousu sur un coussin bleu dans une grande châsse vitrée, fabriquée en bois et décorée de marguerites fraîches.

C'est le moment du discours des personnalités au balcon du château. Philippe de Villiers, le fondateur du Puy du Fou, remercie chaleureusement les personnes présentes, dont les élèves de l'école militaire de Saint-Cyr venus honorer Jehanne comme « chef de guerre » et « libératrice de la patrie ». Ensuite, un vibrant hommage est rendu aux généreux donateurs, sans lesquels ce précieux objet de la Pucelle d'Orléans serait en la possession d'un riche collectionneur étranger. Au fil des minutes, les cœurs se réchauffent.

Philippe de Villiers annonce que le Conseil national des arts anglais (The Art Council) a fait savoir la veille, par l'intermédiaire d'un avocat, qu'il réclamait le retour de l'anneau de Jehanne d'Arc en Angleterre, considérant que c'est un « objet à haute valeur symbolique nationale ». Le public siffle. Mon sang ne fait qu'un tour. Si c'est un faux, comme des historiens l'expliquent dans les médias, pourquoi le gouvernement anglais lui attribue-t-il une telle valeur ? Le fondateur du Puy du Fou conclut ainsi son discours :

— Messieurs les Anglais, si vous voulez voir l'anneau, vous venez ici ! *Welcome to the Puy du Fou!* Pour le reste, *it's too late*. C'est trop tard ! L'anneau est revenu en France et il y restera. Que vive Jehanne d'Arc, que vive sainte Jehanne d'Arc, que vive la France !

Ce refus poli et plein d'humour suscite un tonnerre d'applaudissements. La cérémonie se termine dans la ferveur générale. L'anneau de Jehanne d'Arc est emporté sous bonne escorte pour être exposé dans la chapelle du château, autrefois consacrée à sainte Marie-Madeleine. Tous ceux qui le souhaitent pourront ainsi le voir de près, le vénérer ou prier brièvement devant lui. Par un heureux concours de circonstances, grâce à notre emplacement, nous pouvons être parmi les premiers à bénéficier de ce privilège. C'est décidé, nous saisissons l'occasion ! Pauline s'y oppose fermement, prétextant que cela risque de durer longtemps. Elle veut rentrer à la maison. Je ne lui laisse pas le choix :

— Tu rigoles ? On est devant ! Dans cinq minutes on y est ! Regarde les personnes qui sont derrière, elles vont peut-être attendre une heure pour voir l'anneau !

Pour lui faire monter l'escalier, je la pousse dans le dos. Quant à Tom, il nous suit docilement. Nous entrons dans la chapelle, éclairée par des vitraux décorés de plusieurs Sacré-Cœur de Jésus. Ces vitraux donnent sur l'étang du château et font face à l'immense scène de la Cinéscénie. Je suis suivie par Agathe, puis par Pauline et Tom. Un ami puyfolais assure la sécurité dans la chapelle. Je m'incline devant l'anneau, tout émue de le retrouver – ou plutôt, pour ainsi dire, de retrouver Jehanne. Mon tour et celui d'Agathe étant passés, je me retourne vers Pauline. À ma grande surprise, celle-ci est immobile devant la châsse, les yeux comme aimantés par l'anneau, et elle sanglote fortement. Perplexe, je constate que je ne l'ai jamais vue pleurer ainsi à gros sanglots, même au décès de sa grand-mère paternelle. Que se passe-t-il ? Agathe constate la même chose que moi ; je le vois à son regard dubitatif. De son côté, Tom est toujours impassible, comme si un ordre céleste maîtrisait le démon en lui.

Le temps passe. L'agent de sécurité nous invite poliment à quitter les lieux pour que ceux qui nous suivent puissent s'approcher. J'essaie de tirer Pauline vers la sortie. En vain. Je recommence. Toujours en vain ! Je devine immédiatement qu'il se passe quelque chose d'extraordinaire. Spontanément, Agathe vient m'aider. Même constat : impossible de déplacer ma fille, même en s'y mettant à deux ! Elle est plus lourde qu'une statue de plomb, alors qu'elle pèse moins de 45 kilos… Comment est-ce possible ? Pauline reste imperturbable, indifférente à tout ce qui se passe autour d'elle. Il y a cinq minutes, elle pestait quand nous la poussions pour arriver jusqu'à l'anneau. Maintenant, il nous est physiquement impossible de lui faire quitter la chapelle.

Soudain, sans que nous comprenions pourquoi, les pieds de Pauline se décollent enfin du sol. En franchissant le seuil de la chapelle avec ma fille, bras dessus bras dessous, je suis frappée par l'arrêt immédiat de ses sanglots, même si elle est encore secouée par une respiration saccadée. Comment peut-on maîtriser son chagrin à une telle vitesse ? Pourquoi ma fille est-elle passée d'une émotion incontrôlable, les yeux fixés sur l'anneau, à un état normal une fois sortie de la chapelle ? A-t-elle vécu le même phénomène que moi ?

Sur le chemin du retour, Pauline reste muette, touchée au plus profond d'elle-même. Plus tard, elle m'expliquera qu'elle n'a pas eu de vision ni entendu de voix. Elle n'a même aucun souvenir de ce qui s'est passé. Toutefois, le dimanche suivant, alors qu'elle n'est pas baptisée, elle veut m'accompagner à la messe. Maintenant, elle croit que Jehanne d'Arc a existé, que Dieu lui-même existe. Devant tant de mystères, Agathe s'écrie avec humour :

— Quelle famille ! Après la mère, maintenant c'est la fille !

9

Mon *fiat*

La nuit a encore été éprouvante. Les exorcismes nocturnes de Tom, auxquels je continue à assister, me confirment qu'un monde invisible existe, peuplé de forces bienveillantes et malveillantes. Une certitude traverse mon cœur: Dieu a rusé pour obtenir ma conversion. Il m'a ouvert le cœur au bon moment. L'une des raisons, à mes yeux, est que, depuis notre enfance, Agathe et moi avons toujours été présentes l'une pour l'autre, comme des sœurs jumelles, dans les bons comme les mauvais moments. Il me semble donc logique que maintenant que je connais l'existence de Dieu, je l'accompagne pour la soutenir dans les séances d'exorcismes de son fils.

Durant cette période, ma priorité est d'effectuer les démarches nécessaires pour recevoir un jour le corps du Christ, dont je constate la puissance lorsque l'exorciste le présente devant Tom. Je me sens prête. J'appelle Agathe pour lui confirmer que je désire trouver un prêtre afin de me préparer à ma première communion. Mon amie pense d'abord à un ecclésiastique qu'elle connaît et m'accompagne à son presbytère. Après les présentations d'usage, j'ose raconter au prêtre ma conversion soudaine et celle de Pauline. Prononcer les mots « Dieu » ou « Esprit Saint » ne m'est pas naturel. Je me contente de parler de « Jésus » ou de « divin », avec le vocabulaire maladroit d'une convertie. À la fin de notre échange, le ministre de Dieu qualifie ce que je vis de « formidable » avant de conclure :

— Je ne peux rien faire pour vous.

Déçue, je quitte les lieux avec un pincement au cœur. Agathe aussi : elle pensait que ce prêtre m'aiderait.

Pendant deux mois, nous rencontrons différents prêtres de paroisse dans le bocage vendéen, auxquels je confie encore mon parcours. À chaque fois, c'est la même réponse :

— Nous avons l'habitude des préparations au sacrement du baptême. Mais pour préparer des adultes à la communion, nous n'avons pas les équipes nécessaires.

Je dois donc rester à l'écart de la sainte bergerie, faute de berger disponible pour accueillir une brebis égarée. Pourquoi est-il si difficile, pour un adulte, de faire sa première communion dans l'Église catholique ? À chaque messe dominicale, je le vis de plus en plus mal, d'autant plus que je suis traversée par des pensées négatives : *« Laisse tomber, ça ne sert à rien ; reste comme tu étais, tu étais bien mieux avant ; tu vois, l'Église ne veut pas de toi ! »* À cela s'ajoutent les remarques pas vraiment tendres de ma fille cadette, Clothilde, et de mon deuxième fils, Thibault, sur ce qu'ils appellent mes « bondieuseries ». En parallèle, ma conversion entraîne un tri dans mes amitiés. Poser une statue d'environ soixante-dix centimètres représentant la Vierge Marie dans mon salon, sur un meuble transformé en coin prière, suffit à mettre mal à l'aise certains de mes amis, puis à les voir disparaître peu à peu : ils me considèrent sans doute comme une illuminée.

Un matin, fatiguée de cette lutte intérieure qui me pousse à renoncer à poursuivre mon chemin de conversion, assise sur mon lit, je prends la résolution de faire un choix. Ou Dieu existe, ou Dieu n'existe pas. Je sais maintenant qu'il existe ; je décide donc de lâcher prise en lui parlant à cœur ouvert, comme s'il était devant moi. Il entend toutes nos prières, je l'ai compris. Je professe à voix haute :

— Oui, Seigneur, je te suis. Je fonce. Tu m'as envoyé des signes prouvant que tu existes et que tu n'es qu'amour. Oui, je fonce ! Ça ne va pas être facile, mais j'y vais. Je te suis. Maintenant que je te dis oui, aide-moi ! Je compte sur toi.

Je lui donne les pleins pouvoirs sur ma vie pour qu'il puisse agir librement. À lui maintenant d'œuvrer selon sa volonté. J'accepte tout. Le lendemain, je ressens comme une libération intérieure ; je n'ai plus cette chape de plomb qui me tirait vers le bas. Mes pensées pessimistes ont disparu. Et j'ai l'impression que le chemin du Seigneur s'ouvre devant moi. Je suis remplie d'espérance, certaine qu'il va bientôt m'exaucer.

10

Ma grande confession

UN samedi de mai 2016, Agathe me conduit dans un lycée catholique appelé « La Providence », à Cholet. Ce week-end-là, les frères franciscains y organisent un temps fort : le chapitre des familles. C'est l'occasion de réunir plusieurs générations ensemble, de prier, d'entendre des enseignements de divers intervenants, de participer à des veillées de louange ou à des messes. Environ mille cinq cents chrétiens ont répondu à l'invitation. Noyées dans cette foule, Agathe et moi nous lançons à la recherche d'un prêtre qui accepterait enfin de me préparer à ma première communion.

Dans la grande salle de sport et à l'extérieur, sont répartis des ateliers adaptés à tous les âges. À l'entrée d'une salle d'où jaillit une musique de pop louange, nous observons en silence des jeunes chrétiens qui chantent et dansent, les mains levées vers le ciel. Ils extériorisent joyeusement leur foi. Mais leur louange est si extravertie qu'elle me met mal à l'aise. Crier ma foi en Jésus-Christ sur tous les toits, ce n'est pas encore mon fort. Dans la même salle, à la fin du concert, plusieurs prêtres s'affairent à préparer le sacrement de réconciliation. Des dizaines de personnes patientent sur des bancs en bois. Des files d'attente se forment face à chaque ecclésiastique installé sur une chaise. Agathe me pousse à en choisir un rapidement. Je dévisage tous les franciscains. Mon intuition me pousse à en choisir un plutôt jeune, qui a le front dégarni. Je m'avance vers lui, derrière des pénitents qui me précèdent à un rythme soutenu.

C'est mon tour. Dans un accent polonais, frère Karol introduit l'échange en me bénissant. Je lui présente alors l'objet de ma venue :

— Bonjour, je m'appelle Sonia. Je ne suis pas là pour me confesser. Je suis fraîchement convertie. Je souhaiterais faire ma première communion. Malheureusement, depuis deux mois, aucun prêtre de paroisse n'a accepté de me préparer. Pouvez-vous m'aider ?

— Vous êtes baptisée ?

— Oui. Je l'ai été deux jours après ma naissance.

— Ne bougez pas ! Je vais en parler à un frère. Je reviens.

Assise sur ma chaise, je me retourne en balayant des yeux l'horizon. Je croise le regard perplexe d'Agathe. Un brin gênée, je tourne à nouveau le dos aux personnes de la salle. D'interminables minutes défilent. Intérieurement, je m'amuse à imaginer ce que peuvent penser ceux qui attendent après moi : qu'a-t-elle pu dire de si grave au frère, pour qu'il disparaisse aussi longtemps ? Terrible quiproquo !

Après une bonne dizaine de minutes qui m'ont paru une éternité, frère Karol revient :

— C'est bon. Je vais m'occuper de vous ! On commence mardi prochain. Venez à 15 heures au couvent des franciscains.

Merci Seigneur !

Les quatre mois suivants, j'assiste assidûment aux enseignements de frère Karol, durant lesquels il m'apprend les grandes étapes de la Bible, les Évangiles, l'essentiel de la vie de Jésus, le déroulement d'une messe, le sens de la communion et des sacrements. Ma formation est individuelle, personnalisée, en mode accéléré. Ma motivation à recevoir l'eucharistie n'en est que plus forte. Quelle grâce ! Je me sens à ma place. Les obstacles que je considérais comme quasi insurmontables ont été franchis juste après mon *fiat*. Impossible de croire au hasard : je chemine enfin librement vers le Christ.

Auprès de frère Karol, je relis ma vie différemment. D'après lui, si le Seigneur m'a touchée, ce n'est pas fortuitement. Dieu a un plan pour chacun d'entre nous. Je dois avancer en m'appuyant sur l'amour infini du Seigneur pour espérer avoir des réponses à mes nombreuses questions. Au cours d'un entretien, je repense à ma pieuse grand-mère qui avait fait le nécessaire pour que je sois baptisée à la maternité. Tout est parti de là : je suis chrétienne grâce à elle. Sans cette délicate attention, il me serait impossible de communier ou de me confesser sans passer par la « case baptême », véritable parcours du combattant du converti. Merci Grand-Mère !

Ma formation spirituelle touche à sa fin. Frère Karol me fixe un rendez-vous pour ma première confession (la « grande confession »), ultime étape avant que je puisse recevoir l'eucharistie. D'ici là, aidée de quelques livrets pour me faciliter la tâche, je dois répertorier tous mes péchés en quarante-neuf ans d'existence.

Mon Dieu ! Jour après jour, je procède minutieusement à mon examen de conscience. Je griffonne sur une feuille, puis deux, puis trois, la plupart de mes péchés, offenses ou négligences. Des regrets sincères m'envahissent. Si je prends la solide résolution de ne plus commettre certaines fautes, j'ai le sentiment que cette confession va pouvoir m'aider à pardonner aux personnes qui m'ont fait souffrir.

Frère Karol m'attend dans le confessionnal. Le couvent des franciscains est un îlot de paix dans notre monde saturé de bruits. Fidèle à son sacerdoce, mon confesseur écoute ma longue litanie avec une infinie bienveillance. Au bout de presque trois heures, il m'accorde l'absolution de mes nombreux péchés, en agissant au nom du Christ, selon les paroles habituelles :

— Et moi, au nom du Père, et du Fils, et du Saint-Esprit, je vous pardonne tous vos péchés !

Et pour la réparation de mes fautes, frère Karol ajoute :

— Toi, il te faut une pénitence à la mesure de tes longues années de péchés : je te demande d'aller en pèlerinage à Fatima. Puis tu feras une retraite spirituelle en silence avant ta communion.

En effet, il sait que nous partons en vacances au Portugal, l'été suivant. Même si je ne sais pas où se trouve Fatima par rapport à Porto où nous devrons résider, je décide que j'irai prier dans ce sanctuaire quoi qu'il arrive, afin d'accomplir ma pénitence.

11

Voyage en famille au Portugal

En juillet 2016, nous atterrissons à l'aéroport de Porto, au Portugal, sous une chaleur écrasante. Le soleil joue avec quelques rares nuages clairsemés dans le ciel. Trois de nos enfants (Pauline, Clothilde et Thibault) font partie du voyage : c'était un cadeau de Noël pour toute la famille. Seul François est absent, retenu par son travail, à mon grand regret. Contrairement à ce que le Malin avait annoncé par la bouche de Tom lors d'un exorcisme (alors que ce dernier ne savait pas que Philippe avait réservé des billets pour le Portugal), le vol s'est déroulé paisiblement et notre avion ne s'est pas écrasé. Ce jour-là, je lui avais répondu :

— Tu pourras dire ce que tu veux, j'irai là-bas !

L'exorciste m'avait reprise :

— Ne lui répondez plus. Priez !

En explorant le centre-ville de Porto à la recherche de notre logement de vacances, nous sommes surpris de l'omniprésence des édifices consacrés au culte catholique. Entre les ruelles joliment pavées et les façades de maisons décorées de mosaïques, le nombre d'églises est impressionnant. Leur architecture, qui fait l'éloge de la beauté divine, montre l'immense respect des Portugais envers le sacré. En passant devant la cathédrale fortifiée de Porto, je m'émerveille de sa façade majestueuse ornée de deux grandes tours carrées que couronne une coupole, et au milieu desquelles campe une belle rosace. Nous contemplons un savant mélange de styles roman, baroque et gothique. Cela ne plaît visiblement pas à tous mes enfants. En effet, Clothilde m'interpelle :

— Tu ne vas pas commencer à nous faire visiter toutes les églises ! Il y a autre chose à voir !

Je suis surprise qu'elle réagisse ainsi puisqu'elle sait bien que, même avant ma conversion, je visitais systématiquement les églises, par amour de l'histoire et de l'architecture. Je n'y priais pas mais parfois, face à une statue qui représentait Marie, je lui parlais intérieurement. Ce qui était étrange car toute petite, je l'insultais. Maman, pourtant athée, me réprimandait :

— Sonia, on ne t'a pas élevée dans la religion. Par contre, tu respectes !

Un jour, très agacée par mes blasphèmes, Maman m'avait emmenée dans sa chambre et avait sorti une bible d'un tiroir de sa commode en me disant :

— Tu sais, Jésus, je ne sais pas s'il existe. Mais s'il y a bien quelqu'un qui existe, c'est Marie ! Tu vois, ça c'est une bible que j'ai eue à ma première communion. Dedans, il y a toute la vie de Jésus. Il est venu par Marie. Et Marie, elle existe ! J'en ai reçu une preuve. Donc je t'interdis de l'insulter. D'accord, tu n'y crois pas. Mais tu dois respecter ceux qui y croient !

Mes blasphèmes avaient cessé sur-le-champ. J'avais compris la leçon. Par là même, Maman, paradoxalement incroyante, m'avait suggéré que la Vierge Marie est notre maman du Ciel à tous. Quand nous avons un besoin particulier, il faut le lui demander. Donc, devant une statue ou un vitrail la représentant, je lui parlais de temps en temps. M'entendait-elle ? À l'époque, je n'en savais rien. Aujourd'hui, je sais que oui. Il paraît qu'une prière, c'est comme une bougie qu'on allume sur Terre pour être vue du Ciel par les anges et les saints.

En ce début de séjour familial au Portugal, le décor est planté. La lutte sera rude avec Clothilde et Thibault, à tel point qu'ils refusent d'entrer dans la cathédrale, préférant rester en plein soleil. Ils ont toujours du mal à reconnaître leur « nouvelle » maman et à l'accepter, même si je fais attention à ne pas prier devant eux ni à leur imposer quoi que ce soit. Tous deux se promènent à l'extérieur, tandis que Philippe, Pauline et moi admirons ce monument du XIIe siècle richement décoré. La nef est sombre, immense, les pierres noircies par le temps. Sur les murs, les fameux carreaux d'azulejos, typiques du Portugal, contrastent avec le cadre baroque. Quelle beauté !

Un jour, devant l'obstination de Clothilde et Thibault qui refusent toujours de visiter les églises, je les prends à part.

— Je vous préviens : vous n'allez pas pourrir nos vacances ! Demain, nous passerons une demi-journée à Fatima. C'est prévu. Un prêtre m'a demandé d'aller prier là-bas pour ma pénitence. C'est important pour moi et j'irai coûte que coûte. Si vous restez sages, je vous promets une belle surprise au retour. Ça vaut le détour. Je me suis renseignée auprès d'un office de tourisme. En revanche, si vous continuez vos caprices, c'est moi qui vais pourrir la fin de vos vacances. Je déteste le chantage, mais là, vous allez trop loin ! OK ?

Les hochements de tête positifs des deux rebelles me donnent de l'espoir. Nous arrivons à Fatima en milieu de matinée. Clothilde et Thibault semblent décidés à faire une pause dans leur lutte. L'immense esplanade pavée du sanctuaire s'étend devant nous. La Vierge Marie est apparue ici à trois enfants, en 1917. Sur le sol se détache un chemin pavé, différent du reste de la place. On m'apprend que les pénitents peuvent l'emprunter à genoux, ce qui me fait sourire et dire à Philippe :

— Heureusement que frère Karol ignore ce type de pénitence, je l'ai échappé belle !

La basilique de Notre-Dame-du-Rosaire s'élève vers le ciel via une magnifique tour pointue. Cette fois, nous entrons tous ensemble dans le sanctuaire. Philippe, Pauline et moi nous y recueillons, pendant que Clothilde et Thibault la visitent. Ensuite, nous nous dirigeons vers la chapelle des apparitions pour y prier à nouveau.

Au moment de déposer plusieurs cierges à nos intentions de prière, je sens que Clothilde et Thibault commencent à être agacés. Sur un ton aimable, je leur dis que je préfère qu'ils patientent un peu plus loin à l'ombre, en attendant que nous finissions nos prières. En allumant un cierge, je confie à Notre-Dame de Fatima tous nos enfants en lui demandant d'ouvrir leur cœur, et tout spécialement celui de Clothilde et Thibault. À la fin du pèlerinage, dans la boutique de souvenirs, j'achète une petite statue de la Sainte Vierge pour notre coin de prière. Je suis heureuse d'avoir pu accomplir ma pénitence.

Le contrat a été rempli : chose promise, chose due. Pour honorer la promesse que j'ai faite aux enfants, nous nous dirigeons vers Aveiro, une station balnéaire entre Porto et Lisbonne surnommée « la Venise portugaise ». Aussitôt arrivés, nous découvrons des canaux reliés à l'océan Atlantique tout proche. Nous montons dans une sorte de gondole dont le batelier, par chance, parle très bien français. Thibault sympathise avec lui, au point que celui-ci le laisse piloter le bateau sur le chemin du retour. C'est un bonheur de se balader dans cette petite ville de caractère qui a su conserver son patrimoine d'antan. Nous sommes réconciliés, en paix, heureux ; et cette ambiance sereine durera jusqu'à la fin des vacances. Merci à Notre-Dame de Fatima !

12

Retraite spirituelle en couple

À PEINE rentrés du Portugal, Philippe et moi repartons pour une retraite spirituelle en silence. Nous nous dirigeons vers Tressaint, près de Dinan, en Bretagne. Sur les conseils de frère Karol, dans le cadre de la préparation à ma première communion, nous avons réservé deux places pour cette retraite d'une semaine dans un Foyer de Charité. Impatiente d'arriver à destination, j'éteins mon téléphone portable lorsque nous approchons de l'adresse indiquée. Je suis ravie de participer à cette expérience spirituelle silencieuse, et en même temps un peu inquiète : de nature bavarde, je crains de faire des écarts involontaires. J'ai cependant décidé de relever le défi.

Sous un beau soleil, notre voiture s'engage dans la cour de la maison Saint-François. C'est un manoir en belles pierres de granit, entouré d'un immense parc arboré et fleuri. La vue, superbe, me réjouit. Soudain, avant même que Philippe ait coupé le moteur, une force me saisit et le mot « dégage » résonne dans ma tête, comme si quelque chose me repoussait spirituellement. Moi qui étais en paix, celui que j'appelle « l'Autre » – pour minimiser son importance – ne veut manifestement pas que je reste là. Va-t-il parasiter notre retraite spirituelle ? J'ai l'impression qu'une lutte commence.

Pendant les trois premiers jours de notre séjour, je suis excessivement fatiguée. Tout ce que je fais me demande beaucoup d'efforts. Si l'enchaînement du voyage à Fatima et des préparatifs de nos valises a été mouvementé, cette fatigue-là est suspecte. Comme une personne narcoleptique, je m'endors sans cesse à des heures inhabituelles de la journée, pendant les enseignements. La retraite est axée sur l'Évangile selon saint Marc, mais je n'arrive pas à en retenir le moindre mot. Impossible de me concentrer ni de prier ! Ces somnolences sont inhabituelles car je suis plutôt de nature insomniaque. Que m'arrive-t-il ?

Un matin, après un enseignement, ma fatigue est telle que je pars me recoucher. Comme je suis incapable d'assister à la messe, Philippe commence à s'inquiéter. De mon côté, je suis frustrée par ce qui m'arrive. Au retour de l'office, vers midi, Philippe me retrouve toujours alitée. Ensemble, nous nous demandons si un discernement extérieur ne me permettrait pas d'en comprendre la cause. C'est décidé : il me faut une assistance spirituelle.

Après un office, dans l'après-midi, des prêtres se rendent disponibles dans la chapelle auprès des retraitants pour le sacrement de réconciliation. Ne me voyant pas me confier à un prêtre, je quitte la chapelle et, en chemin, je croise une femme de la communauté à qui je confie ma détresse. Cette dame, d'un âge avancé, me propose d'entrer dans une pièce à l'écart des oreilles indiscrètes. J'accepte. Très vite, je lui explique ce que je vis et lui expose mon point de vue. Mes endormissements, ma fatigue disproportionnée et mon impossibilité d'aller à la messe semblent relever d'une cause surnaturelle. Je n'ai jamais vécu cela auparavant. Visiblement au fait des combats spirituels, mon interlocutrice préconise une seconde rencontre, le soir même, en présence de Philippe, avec un prêtre ou une autre femme de la communauté.

Vers 19 heures, cette dame, accompagnée d'une autre femme, nous accueille avec bienveillance dans un espace discret près des dortoirs. Sans être des religieuses, ces deux femmes ont reçu la délégation de pouvoir s'occuper de moi. Sur les conseils d'un prêtre, elles me recommandent une prière de protection. Comme son nom l'indique, cette prière spécifique consiste à se protéger des attaques du Malin. J'accepte volontiers. Nous la récitons aussitôt :

« Me voici devant toi, Seigneur, pauvre et pécheur.
Fais de moi un instrument de ton amour.
Viens prendre toute la place en moi
pour aimer mes frères tout au long de ce jour,
en particulier les personnes avec qui je vis
des affrontements ou de fortes tensions.
Dans ton précieux sang, lave-moi de tout péché.
Dans ton précieux sang, protège ma personne,
tous ceux que j'aime, et aussi mes biens,
de toute attaque de l'Ennemi.
Je te demande tous les dons de l'Esprit dont j'ai besoin
pour éviter de tomber dans le péché
ou dans les pièges de l'Ennemi.

Et pour témoigner de ton Évangile tout au long de ce jour,

je te demande la grâce de l'humilité.

Je te demande aussi la protection des saints anges,

de mon saint patron, et spécialement de la Sainte Vierge Marie :

Je vous salue Marie, pleine de grâce… »

En disant cette prière, je n'éprouve rien de particulier. Sera-t-elle efficace ? L'entretien se termine et c'est l'heure du dîner. Nous voilà au réfectoire. Nous avons raté la prière du bénédicité. À cause de notre léger retard, Philippe et moi devons nous séparer pour le repas. Il part s'asseoir à une table, dans un coin laissé vacant. Je vais, quant à moi, m'installer à ma place habituelle, près d'une porte qui donne sur la terrasse. Comme à chaque repas, j'ai le temps de méditer en fixant le crucifix au-dessus de la porte. En levant la tête, cette fois-ci, je suis surprise de ne pas le reconnaître : il est lumineux et le Christ y est représenté. Aux repas précédents, je ne voyais qu'une croix noire. A-t-il été remplacé ?

De retour dans notre chambre, l'unique endroit où nous pouvons parler tous les deux, j'interpelle Philippe :

— As-tu remarqué le crucifix au-dessus de l'entrée du réfectoire ? C'est bien celui-ci qui était à cet endroit depuis le début de notre séjour ?

— Pourquoi me demandes-tu cela ?

— Parce que, depuis dimanche, j'ai toujours vu une croix noire ! Ce soir, il est très différent, je pensais qu'il avait été remplacé.

— Ah bon ? Non, ça a toujours été celui-là ! C'est bizarre que tu le voies différemment…

— Je suis pourtant sûre de moi ! Je n'ai pas rêvé. Ce n'est pas une illusion ni une construction de mon esprit. Serait-ce une conséquence de la prière que nous avons faite ?

Le lendemain, je me réveille en pleine forme. Finie la sensation désagréable de me traîner ! Mes forces renouvelées m'autorisent à participer à tous les offices jusqu'à la fin de la semaine et à dialoguer avec Dieu dans le silence. Convaincue que ce beau moment a été rendu possible grâce à la prière de protection, je prends la ferme résolution de la renouveler quotidiennement, tous les matins, dès mon lever. Quel bonheur de pouvoir m'imprégner de la parole de Dieu en me sentant libre ! Durant un temps d'adoration eucharistique dans la chapelle, je suis remplie de joie.

Le dernier soir, la communauté nous autorise à parler pendant le dîner afin de faire connaissance entre nous, puisque cela fait une semaine que nous ne communiquons que par le regard. Étonnée, je me surprends à ne pas avoir spécialement envie de discuter avec mon entourage. Finalement, ce silence de la semaine me rassurait et m'apaisait. Je ne refuse pas de faire la connaissance des autres retraitants, mais avoir goûté à ce silence est une expérience précieuse. Depuis, chaque jour, j'aime profiter de longs moments dans le calme et sans bruit, alors que, auparavant, j'avais tendance à écouter de la musique moderne. Ne dit-on pas que c'est dans le silence que Dieu nous parle ?

Troisième partie

UNE NOUVELLE VIE POUR TOUTE LA FAMILLE

13

Ma première communion

Ma première communion est prévue au mois de septembre 2016 au couvent des franciscains, au cours d'une messe dominicale habituelle, en toute discrétion. Le jour où nous avions regardé nos agendas, frère Karol m'avait dit :

— À cette date-là, tu seras prête. Est-ce que ça te convient ?

Amusée, je m'étais exclamée :

— C'est le jour de mon anniversaire ! Quel cadeau !

Ce à quoi il avait répondu :

— Et c'est le jour de mon baptême !

Bien sûr, Philippe est à mes côtés pour ce grand jour. J'ai aussi la chance et la joie d'être accompagnée par ma marraine, qui est très âgée. Mon cousin – que je considère comme un frère – et sa famille sont également présents, ainsi que deux amies d'enfance.

À l'entrée de la chapelle, j'ai une première surprise. Nos quatre enfants sont là, habillés élégamment dans leur tenue de fête. Cela n'était pas prévu. Ils sont beaux et souriants. Je fonds en larmes. Seuls François et Pauline devaient venir, Clothilde et Thibault ne voulant pas se joindre à nous. Respectant leur choix même si cela m'affectait, je n'avais pas voulu les obliger à être présents. Au fond de moi-même, je me disais : *« Qui suis-je pour les forcer à venir à une cérémonie religieuse, moi qui ne leur ai rien appris de la foi chrétienne ? »*

En les embrassant affectueusement, je comprends que mon aîné, François, a mesuré l'importance que cette étape a dans ma vie. Il a demandé à Clothilde et Thibault d'assister à cette messe en leur déclarant :

— C'est un moment important pour Maman, vous vous en rendez compte ? Il est hors de question que vous ne soyez pas présents. Ne faites pas cela à Maman, s'il vous plaît !

Quelques jours auparavant, Philippe leur a tenu le même discours, sans succès. Après l'insistance du père et du fils, ils ont fini par accepter.

La famille réunie au complet, nous nous asseyons au premier rang, du côté gauche, sur un banc en bois, juste devant l'autel et le tabernacle, près des musiciens qui animent la messe. Je suis heureuse que Clothilde se soit assise près de moi. Frère Karol m'a proposé d'être au plus près de l'autel, afin de pouvoir communier en premier. Habituellement, les franciscains ne célèbrent pas de première communion, ni de mariage ni de baptême. Exceptionnellement, ils ont obtenu l'autorisation du curé de la paroisse dont ils dépendent.

Pendant la messe, je reconnais immédiatement le chant d'un groupe de louange. Ce morceau m'avait frappée lorsque je l'avais entendu la première fois. Ses paroles semblaient raconter ma rencontre avec le Seigneur. Je l'avais réécouté ensuite sans cesse dans ma voiture. Un jour, seule sur la route, je m'étais mise à rêver que ce chant serait choisi pour la messe de ma première communion. Je n'en avais jamais parlé à personne. La coïncidence est inouïe. Le Saint-Esprit m'aurait-il entendue ?

Lorsque je me présente devant frère Karol pour recevoir la communion, je m'incline, me mets à genoux et reçois l'hostie consacrée sur la langue. Je ne peux pas concevoir de communier autrement qu'ainsi. Le Tout-Puissant vient dans mon cœur. Savourant l'instant les yeux fermés, je le remercie de sa grande miséricorde pour moi. Une étape importante de ma vie est franchie : je peux maintenant continuer mon chemin dans l'Église catholique et recevoir Jésus aussi souvent que possible. À la fin de la messe, je vois Clothilde en larmes. N'osant pas lui poser de questions, je garde cette image dans mon cœur. Peut-être en saurai-je plus un jour ?

Au cours du repas de fête où nous sommes tous réunis, Agathe se tourne vers moi et me dit :

— Sonia, tu as passé une étape. Maintenant, il t'en reste une autre, aussi importante, qui est la confirmation !

— Pas si vite, Agathe ! Je sais que je la ferai, mais à mon rythme.

14

Ma confirmation

Au cours des mois qui ont suivi ma première communion, j'ai souhaité me réserver un temps pour discerner. La confirmation est un engagement que je ne pouvais pas prendre à la légère. À présent, je me sens prête. J'intègre donc un groupe d'adultes guidé par un prêtre sympathique. Autour de lui, nous sommes une dizaine de personnes d'horizons différents. Nous exprimons individuellement notre motivation à vouloir accueillir l'Esprit Saint. Chacun partage ce qu'il a vécu et ce qui l'a mené à la décision de recevoir le sacrement de confirmation. Lorsque vient mon tour de détailler les raisons de ma présence, j'explique ma conversion en tâchant d'en dire le moins possible. Le prêtre nous conseille de lire les Évangiles et de nous instruire sur la vie des grands saints, en complément de ses enseignements.

Mois après mois, je m'abandonne entièrement à la Providence. Je demande à Agathe, dont la foi lumineuse m'impressionne, d'être ma marraine de confirmation. En traversant les tempêtes, joies et peines confondues, nous avons toujours été liées l'une à l'autre. Et nous allons franchir ensemble une nouvelle étape! À la fin du parcours, notre groupe de confirmands se rend à l'abbaye Notre-Dame-des-Gardes, chez des sœurs cisterciennes. En vivant cette journée avec les religieuses, j'oublie les soucis du quotidien et je ressens une paix qui me porte spirituellement. Quelques semaines avant la confirmation, une rencontre est prévue avec l'évêque du diocèse; c'est un passage obligé avant la cérémonie. Chacun lui remet une lettre de motivation pour recevoir ce sacrement.

En ce 19 mai 2018, la cathédrale Saint-Maurice, perchée sur les hauteurs d'Angers, est pleine à craquer. Tous les confirmands du diocèse, au nombre de quatre-vingt-cinq, et leur famille sont réunis. Je suis impressionnée et émerveillée par l'organisation et la solennité qui règne sous ces voûtes. Je sens que pour tout le monde, ce moment est important, et que nous sommes tous unis dans la même ferveur du Saint-Esprit. Comme nous sommes limités à quatre personnes accompagnatrices par famille, je suis entourée de Philippe, Pauline, Agathe et Tom.

La cérémonie commence. De nombreux prêtres s'avancent en procession vers le chœur, devant l'évêque d'Angers et sa crosse épiscopale. Je suis émue par ce long cortège d'ecclésiastiques aux ornements rouges, qui vont entourer le grand autel. L'un après l'autre, les confirmands se lèvent et s'approchent du chœur en file indienne. Nous allons recevoir l'onction du saint chrême, renouveler les promesses de notre baptême et recevoir le sceau du Saint-Esprit. Accompagnée d'Agathe, je suis absorbée dans la prière. C'est dans cet état d'âme que je reçois sur mon front l'huile parfumée du saint chrême, en faisant un signe de croix.

Avant d'accueillir l'Esprit Saint à la Pentecôte, il me semble que les apôtres étaient craintifs et faibles dans la foi. Ensuite, remplis de force et de dons, ils furent capables d'aller évangéliser le monde entier en surmontant de nombreuses épreuves. C'était une promesse du Christ : « Vous allez recevoir une force, celle du Saint-Esprit qui viendra sur vous et vous serez mes témoins » (Actes 1, 8). Après avoir moi-même reçu l'onction du Saint-Esprit, j'ai le sentiment d'avoir été au bout du chemin que je devais effectuer pour devenir pleinement catholique. Je me sens protégée d'une armure, comme celle de Jehanne d'Arc pour partir au combat. Me voilà prête à affronter le reste de ma vie de catholique néophyte.

À la sortie de la cérémonie, nous nous retrouvons tous sur le parvis de la cathédrale. Les organisateurs ont prévu une photo des confirmands avec l'évêque. En me dirigeant vers l'endroit qui m'est désigné, j'aperçois frère Karol. Une fois la photo terminée, je vais à sa rencontre. Je suis très heureuse de le voir en ce jour si important pour moi : c'est en partie grâce à lui que j'ai pu y parvenir. Je lui avais dit que je préparais ma confirmation, mais je ne savais pas qu'il serait présent. Quelle belle surprise ! C'est comme si frère Karol continuait à me suivre spirituellement. Le Seigneur me montre ainsi qu'il était là au début de mon parcours et qu'il s'y trouve toujours à son terme. Merci, mon Dieu !

15

Baptême et première communion de François et Pauline

Sans que je puisse m'en douter, une nouvelle période s'ouvrait pour ma famille, indépendamment de ma volonté. L'Esprit Saint allait agir discrètement sur nous tous. N'ayant pas élevé nos enfants religieusement, il m'était impossible de leur transmettre convenablement la foi. Dieu le savait ! Il devait agir seul s'il voulait les convertir, conformément à mes prières. Et il allait le faire admirablement bien...

À la sortie de la chapelle, le matin de ma première communion, Clothilde pleurait encore. Toujours sur mon nuage, à aucun moment je n'avais imaginé ce qui pouvait l'avoir touchée. J'attribuais ses larmes au fait qu'elle était heureuse de me voir comblée. En réalité, ma fille gardait jalousement le secret de l'expérience intérieure qu'elle venait de vivre.

Quelques jours plus tard, Pauline émet le souhait de se faire baptiser, sans aucune pression de notre part. Cela me remplit bien sûr de joie ! Six mois se sont écoulés depuis son expérience face à l'anneau de Jehanne d'Arc dans la chapelle du Puy du Fou.

Depuis, notre benjamine nous accompagne de temps en temps à la messe, à sa demande. Je constate que le Seigneur œuvre en silence dans son cœur. Or, faute de pouvoir recevoir le corps du Christ, Pauline commence à ressentir un manque. Par un concours de circonstances, elle entre librement dans le groupe Sainte-Élisabeth, un mouvement de jeunes filles encadrées par les frères franciscains. Au cours d'un week-end de prières où chacune exprime sa foi, Pauline éprouve l'envie d'être baptisée comme les autres. Elle demande ensuite à frère Karol s'il peut la préparer au baptême, ce qu'il accepte. Pendant deux ans, elle suit une formation au catéchisme qui la prépare à la fois au baptême et à la première communion. Ce qui la rend parfois triste, c'est de ne pas pouvoir se confesser : elle a l'impression de se sentir comme un « charbon intérieur » lorsqu'elle se présente devant le corps du Christ, les bras croisés.

Un dimanche, voyant que la décision de notre fille est mûrement réfléchie, nous réunissons la famille au complet afin de choisir le parrain de Pauline. En effet, pour être le parrain d'un futur baptisé, il faut déjà avoir soi-même reçu ce sacrement. Auparavant, à la naissance de nos enfants, nous avions pour coutume de leur attribuer un « parrain » et une « marraine » de cœur. François est ainsi le « parrain de cœur » de Pauline. Mais cette réalité le fait réfléchir : il se dit qu'ayant assisté à quelques leçons de catéchisme quand il était enfant, il lui faut sauter sur l'occasion de choisir aussi le baptême. En effet, il ne veut pas renoncer à son rôle de parrain. Il fera donc tout pour suivre, à son tour, un parcours catéchétique menant au baptême.

Un prêtre de l'église du Sacré-Cœur de Cholet accepte de le préparer. Pendant deux ans, un week-end par mois, François rentre donc depuis l'est de la France où il travaille. Très assidu, il ne rate aucune rencontre avec ce prêtre.

Je suis heureuse de son choix. En tant que militaire, François a une vision de la France intrinsèquement liée à son histoire chrétienne. Malgré un choix rationnel d'attachement aux traditions, notre fils se réveille donc, lui aussi, spirituellement. Et ce n'est que le début d'un bel itinéraire intérieur ! Toutefois, pendant les deux années de préparation, il est parfois tenté d'abandonner. Pour persévérer, il étudie et médite les saintes Écritures.

Le jour exceptionnel tant attendu arrive enfin. Joie au Ciel ! Tout est prêt. En guise de vêtement blanc, j'ai confectionné pour nos quatre enfants une étole de lin que j'ai fait broder à leur prénom. Philippe et moi avons préparé des petits ballotins de dragées à offrir après la cérémonie. J'ai commandé au carmel des bougies ornées de fleurs du jardin, que les sœurs façonnent avec passion. Enfin, pour baptiser nos enfants, le prêtre a prévu de l'eau du Jourdain qu'un paroissien lui a rapportée de pèlerinage. Pour être exceptionnel… ce sera exceptionnel !

François et Pauline seront baptisés le soir du 31 mars 2018, en l'église du Sacré-Cœur de Cholet : c'est le soir de la vigile pascale. Le jour même, Clothilde est revenue d'Irlande pour assister à la cérémonie. Toute la famille est réunie autour des deux catéchumènes. Le rituel du baptême commence. Le prêtre verse l'eau du Jourdain sur la tête de François. À peine baptisé et couvert du vêtement blanc, François endosse le rôle de parrain auprès de Pauline.

Après ce double baptême, une vive émotion s'empare de l'assemblée. Pour ma part, je suis en larmes et je remercie le Seigneur de cette grande grâce, tout en lui rappelant qu'il en reste encore deux : *« Ne les oublie pas, Seigneur ! »* François et Pauline, émus, revêtus du vêtement blanc, entrent, un cierge à la main, dans la grande famille des chrétiens.

16

Le revirement inattendu de Clothilde et Thibault

La veille de son départ pour Dublin afin d'y poursuivre ses études, Clothilde m'avait posé une question qui m'avait laissée bouche bée :

— Que dois-je faire pour recevoir le baptême ?

Prise au dépourvu, je l'avais interrogée sur la raison de sa demande. Elle m'avait avoué qu'elle avait été touchée au plus profond d'elle-même pendant la messe de ma première communion. Surprise, j'avais enfin la réponse à mon interrogation de ce jour-là ! Il est vrai que Clothilde commençait parfois à m'accompagner à la messe avant son voyage en Irlande. À plusieurs reprises, j'avais constaté que des larmes coulaient de son visage.

Le vœu de Clothilde de se faire baptiser est réel, profond, indépendant d'une quelconque contrainte familiale. Son long séjour sur l'île d'émeraude a conforté son choix de se conformer à ses nouvelles convictions religieuses. Seulement, Clothilde doit partir à Toulouse afin d'y terminer ses études. Je lui propose alors de me renseigner pour lui trouver une solution là-bas. Par un heureux « hasard », je fais la connaissance d'une jeune femme convertie qui achève ses études de médecine, et qui m'explique qu'elle a fait son catéchuménat à Bordeaux grâce à une communauté de dominicains. Elle m'indique que ces religieux ont aussi un couvent à Toulouse. Aussitôt dit, aussitôt fait, Clothilde entre en contact avec les dominicains de cette ville qui acceptent de la préparer. Une à deux fois par semaine, le soir, après les cours, elle suit leurs enseignements. Il lui arrive d'être déroutée parce que le texte qu'elle étudie avec les frères correspond exactement aux situations qu'elle a vécues dans la journée. Au fil des mois, elle suit un parcours spirituel qui la mène aux trois sacrements : baptême, première communion, confirmation. C'est de nouveau à la vigile pascale, cette fois le 20 avril 2019, que Clothilde recevra les sacrements.

En partant vers Toulouse, nous prévoyons une escale de deux jours à Lourdes. Christiane, la marraine de Clothilde qui fait le voyage avec nous, en a émis le souhait. Une étape qui sera riche en surprises ! Cet après-midi-là, je flâne dans les boutiques avec elle, pendant que Philippe et Pauline sont allés recevoir le sacrement de réconciliation. Christiane ne trouvant pas le cadeau qu'elle cherchait pour sa filleule, nous partons à la recherche de Philippe et Pauline car j'éprouve, à ce moment-là, le très fort désir de me confesser – mais pourquoi et pourquoi maintenant ?

Nous les rejoignons dans une file d'attente, où je prends également place. Christiane, qui vient de vivre un divorce douloureux, patiente dans le hall quand un prêtre vient engager la conversation avec elle. Comme nous sommes dans le bâtiment dédié au sacrement de réconciliation, il l'invite à se confesser ; elle refuse gentiment. Il finit malgré tout par l'emmener à l'écart pour qu'elle lui explique pourquoi elle n'en éprouve pas l'envie. Pour autant, elle reviendra, à sa grande surprise, lavée de tout péché quelques dizaines de minutes plus tard. Les voies du Seigneur sont décidément impénétrables !

Après notre séjour à Lourdes, nous arrivons à Toulouse avec un peu d'avance afin d'être prêts pour la cérémonie. Nous organisons aussi le repas avec Clothilde et des paroissiens, futurs parrains et marraines de certains catéchumènes qui n'ont pas de famille. Là encore, nous faisons de belles rencontres. Les frères dominicains nous prêtent une salle de leur communauté : nous pourrons ainsi y recevoir toute la famille, ainsi que la marraine et le parrain de Clothilde qui ont profité de cette occasion pour prendre des vacances. Il ne manque que François, notre militaire, qui se trouve en mer, sur un porte-hélicoptères de l'armée, en tant que mécanicien sur Gazelle. Il s'agit de la « mission Jeanne d'Arc ». Là encore, Jehanne est présente, même au bout du monde !

Au cours de cette magnifique cérémonie où une dizaine d'adultes recevront le baptême, nous avons l'honneur d'assister au sacrement de mariage d'un couple de réfugiés musulmans fraîchement convertis. C'est émouvant de les voir prier, après avoir reçu la communion à genoux devant le saint autel ! Quant à Clothilde, elle a le sentiment d'avoir accompli ce qui lui tenait à cœur. Elle me confie :

— Au moment où j'ai reçu l'hostie, j'ai ressenti une immense chaleur qui m'a complètement envahie.

Intérieurement, je m'exclame: *« Merci Seigneur! Il ne t'en reste plus qu'un... Je continue mes prières! »*

À peine remise de mes émotions de la conversion de Clothilde, je reçois, un soir de semaine, un message de Thibault. C'est étonnant car il ne nous donne jamais de nouvelles. Il poursuit son parcours scolaire dans un internat, au lycée Saint-François-d'Assise, à La Roche-sur-Yon. Je lis son SMS: « Maman, j'ai pris ma décision. Je veux préparer mon baptême! » Je tombe des nues, et Philippe aussi. Je lui réponds en retenant mon émotion. En fait, Thibault a été touché à l'aumônerie de son lycée, lors de soirées d'échanges autour de la foi. Je ne peux m'empêcher de me dire que mon fils cadet revient de bien loin! En effet, Thibault a vécu une mésaventure étrange, un soir, bien avant ma conversion, qu'il me faut raconter.

Philippe est absent, je me trouve seule avec mes enfants. Heureuse d'être avec eux, je leur demande ce qu'ils veulent regarder à la télévision. D'habitude, je leur propose un jeu de société. Mais ce soir-là, je me sens fatiguée, et je veux juste partager un moment de détente avec eux. Ils choisissent un programme dit de « divertissement » sur des stars qui se font hypnotiser par un célèbre hypnotiseur canadien dont je tairai le nom. J'avoue ne pas avoir anticipé le problème car à cette époque, je n'avais jamais entendu parler de cette personne. Au cours de l'émission, le Québécois propose aux téléspectateurs de jouer, eux aussi, en suivant ses instructions: ils peuvent ainsi faire l'expérience de se faire hypnotiser à distance.

Sur mes quatre enfants, trois veulent essayer. François, Thibault et Pauline se mettent debout et suivent les directives du maître de ce jeu. Très vite, François et Pauline abandonnent, se rendant compte que cela ne fonctionne pas sur eux. Je ne suis pas inquiète car je ne crois pas que ce magicien puisse arriver à agir jusqu'à chez nous, dans notre salon. Erreur ! Son action est immédiate sur Thibault, qui se trouve tout à coup sous l'emprise de l'écran de télévision. Le voilà qui tombe à terre... Sa chute est amortie par François qui le rattrape de justesse, lui évitant ainsi de se faire mal. Thibault bouge ensuite dans tous les sens, sous les ordres de l'hypnotiseur qui passe d'une danse à une autre. Nous le voyons faire un slow, un rock, une valse. Au début, les enfants s'esclaffent ; moi, pas du tout.

Soudain, tandis que Thibault est toujours inconscient, le programme s'arrête pour une page de publicité. Catastrophe ! Je réalise le problème : il arrive parfois que la box s'arrête, coupant ainsi le programme télé. Il lui faut au moins cinq minutes pour redémarrer. J'imagine très vite le scénario : si cela survient au moment où ce fichu bonhomme décide de réveiller ses cobayes, Thibault ne l'entendra pas et restera coincé dans cet état. Chez nous, plus personne ne rit et nous souhaitons tous que l'émission reprenne vite. Jamais je n'ai trouvé la publicité aussi longue ! Heureusement, dès la reprise du programme, Thibault entend les mots libérateurs et revient à lui tout doucement. Nous arrivons à l'asseoir avec difficulté sur le fauteuil. Engourdi et hagard, il ne comprend pas ce qui lui est arrivé et ne se souvient de rien. Quant à moi, je ne prends pas immédiatement conscience de l'impact qu'aura cet événement sur son caractère, mais je pressens que la situation est malsaine.

Un jour, après ma conversion, me vient l'idée de parler à frère Karol de cette histoire, parce que je trouve que mon fils a des réactions excessives sur mon changement de vie. Lui-même me dit que, depuis son expérience d'hypnose, il se sent différent, mais qu'il n'ose pas en parler. La réponse du bon frère Karol est claire : il me propose de l'emmener au couvent pour des prières de libération. Comment le faire venir ? Je demande à saint Joseph de m'aider dans cette mission.

— Tu peux essayer ? dis-je simplement à mon fils. Si cela ne te fait pas de bien, cela ne te fera pas de mal. Peut-être que tu te sentiras mieux dans ta peau ensuite.

Là encore, je suppose que mes prières ont été entendues puisque Thibault accepte sans trop rechigner. Après cette « séance spirituelle », je continue de prier pour qu'il aille mieux, qu'il reprenne ses études interrompues et que son cœur s'ouvre à la foi. Il suffira de quelques mois pour constater les changements : il retourne enfin au lycée où il découvre et fréquente l'aumônerie. La boucle est bouclée, merci saint Joseph !

Je suppose que les rassemblements chrétiens chez les franciscains auxquels participait Thibault quand il était enfant, grâce à Agathe et Tom, avaient semé une graine dans son cœur sans que nous le sachions. C'est toujours Philippe qui l'emmenait : à l'époque, j'étais indifférente à ce type d'activités. Un jour, Thibault m'avouera que pendant cette période, il aspirait à être baptisé. Je le découvre au moment où il est catéchisé au Sacré-Cœur de Cholet. Ce qui est étonnant, en fin de compte, c'est le fait que, de nos quatre enfants, c'est lui qui désirait le premier être baptisé, et qu'il le sera en dernier !

L'arrivée de la covid en France repousse d'une année l'échéance de son baptême. Cette année supplémentaire permet à Thibault de préparer, en plus de son baptême, sa première communion. L'échéance, pour lui, est fixée au soir de la vigile pascale du 3 avril 2021. Ce soir-là, mon cœur exulte de joie. J'ai donné la vie à mes enfants et le Seigneur les sauve : *« Merci mon Dieu ! Tu as entendu mes prières. »* Pourtant, le travail de la grâce sur notre famille n'est pas terminé !

Pendant la préparation de Clothilde, les trois enfants que nous accueillons depuis plusieurs années avaient, eux aussi, exprimé le souhait d'être baptisés. Quel défi lancé par la Providence ! Par acquit de conscience, je leur demande de m'expliquer leurs motivations. Après de longs échanges, je m'aperçois qu'ils sont déterminés et que cette décision vient vraiment de leur cœur. Toutefois, je ne peux rien faire sans l'accord de leurs parents, des « responsables protection » et de leurs référents. L'occasion se présente : lors d'une visite à la maman des deux fillettes, je lui demande si elles sont baptisées. Elle me répond par la négative puis ajoute :

— J'aimerais bien qu'elles le soient, car de mon côté, j'ai tout fait, du baptême à la confirmation ! Mais je n'ai pas eu le temps de les faire baptiser.

Malheureusement, trois jours après, cette maman décède brutalement. La Providence m'avait amenée à discuter de ce sujet avec elle, au bon moment, sans raison apparente. Mais les deux filles et le garçon sont des « enfants de la République », donc sous la responsabilité de l'administration française. Après de longues pérégrinations bureaucratiques et des courriers de motivation, les trois enfants obtiennent le précieux sésame.

Je les inscris donc tous les trois au catéchisme pour la préparation de leur baptême. Au bout de deux ans, le 20 juin 2021, ils seront finalement baptisés ; ils feront également leur première communion, le 24 décembre de la même année, en la vigile de Noël. Nos enfants se sont proposés pour être leurs parrain et marraine. Difficile d'y croire : en l'espace de cinq ans, tous les membres de notre famille sont donc entrés dans le bercail de l'Église catholique. Nous avons célébré sept baptêmes, huit communions et deux confirmations. Quel retournement pour une famille comme la nôtre !

À la suite de ces événements, toute ma famille poursuit son chemin de chrétien à un rythme différent. De nos quatre enfants, Pauline est celle qui est la plus ancrée dans la foi. Très vite, elle exprime le désir de faire du scoutisme. Mais elle doit attendre deux ans avant de pouvoir s'y engager. Parallèlement, elle poursuit ses études à Vannes et loge dans un foyer d'étudiants chrétiens. Elle suit régulièrement les offices et organise chaque semaine des maraudes pour les sans-abri. Cette action consiste à leur rendre visite tout en leur apportant une écoute et de la nourriture préparée par les jeunes du foyer. La présence d'un prêtre dans cet établissement permet à notre fille de préparer assidûment sa confirmation. Ce sera une nouvelle occasion de réunir toute la famille, le temps d'un week-end pluvieux, certes, mais avec le soleil dans nos cœurs.

17

Le signe de Jehanne

Le temps passe. J'approfondis ma foi catholique par la prière. Cependant, en communiant, il m'arrive de ressentir une certaine sécheresse intérieure. Cette impression fait partie, je pense, des étapes de la vie spirituelle : parfois, le Seigneur retire à l'âme les consolations ou grâces sensibles qu'il lui donne. Cette étape de purification apprend à l'aimer gratuitement. Cependant, il me semble que l'amour que j'ai reçu pendant ma « révélation » – qu'une amie appelle « théophanie » – s'est affadi avec le temps. Des doutes me submergent. J'en arrive à croire que j'ai imaginé ma conversion car je n'ai plus la ferveur qui m'habitait. J'ai l'impression que le temps d'un cœur à cœur avec le Seigneur est révolu. Je glisse peu à peu dans la tiédeur.

Un jour de février 2019, je suis invitée à une messe dite « à titre privé », chez des particuliers, en présence de l'anneau de sainte Jehanne d'Arc. À l'entrée du logis qui nous accueille, des Vendéens ont été massacrés en 1794. Je vais revoir de près l'anneau pour la première fois depuis qu'il a suscité ma conversion. Le célébrant introduit la messe qui a lieu dans une salle double, dont les portes sont ouvertes l'une sur l'autre.

Près de l'autel dressé pour la circonstance, l'anneau de Jehanne d'Arc repose sur son coussin. Nous sommes un vendredi. Une question me vient à l'esprit : allons-nous revivre la passion de Jehanne ? En tout cas, le célébrant choisit de prononcer une homélie sur la vie et la passion de la sainte patronne de la France.

Je me trouve dans la seconde salle, tout au fond. Je ne vois pas l'autel et j'entends mal. Peu à peu, mon esprit papillonne. Assaillie de doutes, je prie sainte Jehanne de rallumer le feu intérieur qui s'éteint en moi. Je lui demande, humblement, de m'envoyer un signe pour me prouver que ce que j'ai vécu vient bien de Dieu et que ce n'est pas une invention de mon esprit : *« Fais-moi comprendre que je dois poursuivre ma route sur le chemin de la foi ! »* Enfin, je replonge dans la prière. La liturgie de la parole se termine. De magnifiques chants soutiennent ma prière. Avant l'eucharistie, le célébrant indique que nous pourrons communier puis, dans un second temps, embrasser l'anneau de Jehanne ou le toucher pour ceux qui le désirent. Par ce geste, nous espérons que sainte Jehanne nous obtiendra la vertu de courage qui manque tant à l'Église de notre époque et à la France (c'est-à-dire à chacun de nous).

Après la communion, les participants s'avancent lentement en file indienne, dans un pieux silence, vers le coussin de l'anneau que nous présente le célébrant. Chacun l'embrasse. C'est le tour de Philippe, puis le mien. Je fais une génuflexion devant l'anneau et l'embrasse à mon tour. Immédiatement, un chagrin d'une force que je n'ai jamais ressentie m'envahit. Je m'effondre en larmes, la gorge serrée, le cœur déchiré, avec l'envie de hurler de douleur, comme prisonnière de souffrances indescriptibles. Je suis abattue, écrasée par une tristesse qui dépasse toute proportion humaine. Mais quand je regagne ma place, Philippe ne s'étonne pas que je pleure car cela m'arrive de temps en temps en communiant.

La messe se poursuit par les litanies de sainte Jehanne d'Arc. Je les entends de loin, entre mes sanglots. Soudain, deux phrases déchirent mon âme en état de déréliction :

— Sainte Jehanne d'Arc, touchante image de l'Agneau de Dieu qui s'est fait péché pour expier le péché du monde, priez pour nous ! Sainte Jehanne d'Arc, douce et pieuse enfant de Domremy, priez pour nous !

À la seconde phrase, je m'arrête instantanément de pleurer, envahie cette fois par une grande quiétude. Mon chagrin a disparu à la vitesse de l'éclair. La paix inonde mon cœur. Ce sentiment de béatitude est décuplé par rapport à celui que j'ai vécu la première fois en touchant l'anneau. C'est comme si, coup sur coup, j'avais ressenti l'enfer puis le paradis.

Sitôt l'envoi du prêtre, sidérée par ce que je viens de vivre, je fais comprendre à Philippe que je ne veux pas parler et que je retourne prier devant l'anneau. Il acquiesce et m'attend plus loin. Au fil des minutes, tout en étant absorbée dans la prière, je suis rattrapée par les réalités temporelles. Il faut aller chercher les enfants à la sortie de l'école. Je m'exécute avec le regret de savoir que je vais perdre cet état intérieur de paix intense. Le soir même, en m'endormant, je me remémore cette messe. Soudain, je me souviens du signe que j'avais demandé à Jehanne. Y a-t-il un lien avec ce que je viens de vivre ?

18

Sur les pas de Jehanne

À L'ÉTÉ 2019, pour la première fois depuis notre mariage, Philippe et moi décidons de partir tous les deux, dans notre camionnette aménagée, sur les pas de Jehanne d'Arc. Nous nous fixons dix jours d'évasion avec, comme objectif final, la visite de Domremy, village natal de cette sainte. Nous faisons un premier arrêt à la cathédrale Notre-Dame de Chartres, pour nous recueillir devant le voile de Marie et lui confier notre voyage. Arrivés dans l'après-midi à Fontainebleau, ville étape prévue pour le premier jour, nous trouvons le château fermé pour la journée. Je convaincs Philippe de passer la nuit dans la forêt, à proximité, pour que, dès le lendemain matin, nous puissions visiter cet édifice prestigieux de l'histoire de France. Dès l'aurore, nous marchons ainsi dans le parc arboré, et entrons dans la maison des rois de France, transmise de génération en génération du Moyen Âge au XIXe siècle.

Ayant repris la route, nous arrivons en fin d'après-midi à Reims. Nous nous dirigeons vers la cathédrale pour la visiter. En lisant des panneaux explicatifs sur son histoire, je découvre que Charles VII y a été sacré le 17 juillet 1429. Jehanne d'Arc se tenait près de lui, avec sa bannière sur laquelle figuraient le Christ en majesté et les mots « Jhesus Maria ». Or, je réalise que nous sommes un 17 juillet ! Je médite sur cette émouvante page de l'histoire de France, lorsque j'entends sonner une cloche. Aussitôt, des chants émanent d'une chapelle de la cathédrale. Curieux, Philippe et moi nous approchons. C'est une messe en l'honneur de l'anniversaire du sacre de Charles VII à laquelle participent quelques fidèles. Grâce au contretemps d'hier, nous assistons à cet office si symbolique. Magnifique clin d'œil de la Providence !

Avant d'arriver à Domremy, nous faisons une halte à Épernay, capitale du champagne. Philippe aimerait acheter des bouteilles à un viticulteur indépendant. Le « hasard » fait que, en sortant du lieu où nous avons passé la nuit, nous apercevons l'enseigne d'un producteur local. Nous décidons donc de nous arrêter et rencontrons la propriétaire qui nous fait déguster plusieurs de ses crus, visiter la cave et les chais, puis nous explique les étapes du processus naturel de la fabrication du champagne. Au cours de cette discussion, je m'aperçois qu'elle porte une croix autour du cou et lui demande si elle est catholique, ce qu'elle me confirme. Elle est même très active dans sa paroisse. Philippe et moi sourions de cette coïncidence : nous avons trouvé un producteur local, qui plus est « catho », et avec qui nous sommes sur la même longueur d'onde ! En nous quittant, nous promettons de rester en contact. Désormais, chaque année, nous lui ferons une commande et nous garderons un lien avec son mari et elle.

Au fil des kilomètres, les aléas s'enchaînent. Ralentissements, circulation intense, fatigue : la route n'en finit pas. Sans comprendre pourquoi, Philippe et moi sentons une tension monter entre nous. Je réalise que nous sommes proches de Domremy et qu'il doit sans doute y avoir un combat spirituel. Pour calmer l'atmosphère, je propose à Philippe de réciter notre chapelet quotidien, ce qu'il accepte. Peu après, tout rentre dans l'ordre : la prière a porté ses fruits. Nous entrons dans le village de Domremy. Quel soulagement ! Il est tard. Nous garons notre camionnette dans un espace public, en contrebas des jardins des maisons d'habitations environnantes. Après avoir fait un tour dans le village, nous retrouvons notre véhicule pour y passer la nuit.

Les aboiements d'un chien précèdent de peu la venue d'une femme au fort accent étranger (probablement hollandais), qui vient vers nous. Elle nous somme, de manière fort peu aimable, de quitter les lieux et de nous diriger vers le camping du village, que nous n'avions pas trouvé. Jamais nous n'avions connu de réaction aussi vive ! Nous essayons de la rassurer sur nos intentions bienveillantes et de lui expliquer que nous laissons toujours les lieux parfaitement propres après notre passage, en ramassant tous nos déchets (et même ceux des autres), mais rien n'y fait. Devions-nous être à Domremy pour que cela nous arrive ? Nous n'en revenons pas. Je m'amuse en pensant que Jehanne avait chassé les Anglais hors de France et que, dans son propre village, nous sommes chassés par une « étrangère ». Lorsqu'elle s'éloigne, Philippe et moi éclatons de rire – plutôt jaune !

Après cette nuit finalement passée au camping, nous allons visiter la maison natale de Jehanne, bien restaurée. Nous sommes très émus. Peut-être est-ce mon imagination ? Je ressens fortement la présence de la sainte, particulièrement dans sa chambre. Je la « distingue » presque, vers l'âge de 13 ans, se tournant vers l'église de son village qu'elle aperçoit depuis sa lucarne, et priant ses « voix » pour tenter de comprendre la mission qu'elles lui confient et qui lui semble impossible. Nous nous recueillons ensuite dans la petite église où Jehanne a été baptisée et a reçu les premiers sacrements, au cours de son enfance. C'est encore un moment très émouvant pour moi.

En sortant, nous entrons dans une boutique de souvenirs, qui semble unique à Domremy. J'aimerais ramener une jolie statuette de sainte Jehanne d'Arc. J'ai beau faire plusieurs fois le tour de la boutique, aucune ne me plaît. En revanche, Philippe me fait remarquer que des répliques de l'anneau sont en vente. Je n'avais pas l'intention d'acheter un tel objet, considérant qu'il est prétentieux de le porter. Comme il me voit tout de même hésiter, Philippe m'avoue qu'il projetait de m'en offrir un pour mon anniversaire. J'en saisis donc un pour l'essayer, et le glisse à l'annulaire de ma main droite – même s'il est probable que Jehanne portait le sien à l'index de sa main gauche pour l'embrasser avant chaque bataille.

J'ai tout de suite un coup de cœur : c'est à Domremy que je devais trouver cet anneau ! La dame qui tient la boutique a dû sentir que nous étions des pèlerins et que nous marchons sur les pas de Jehanne d'Arc. Elle nous demande :

— Vous connaissez le passeport johannique ? Le voici ! C'est un document qui répertorie les principales villes étapes où Jehanne est passée, et qui la vénèrent encore aujourd'hui par des actes publics : messes, processions, fêtes locales. Vous pouvez le faire tamponner à la mairie ou à l'office de tourisme de chaque ville johannique que vous visitez. Je vous en mets un ?

— Oui, avec plaisir ! lui dis-je.

Je quitte donc la boutique avec une copie de l'anneau de Jehanne et un passeport johannique. Nous voici équipés pour le périple que nous avions envisagé sans en prévoir exactement les étapes. Mon mari et moi allons ensuite nous recueillir à la basilique du Bois-Chenu, dédiée à sainte Jehanne d'Arc, sur les hauteurs de Domremy. En regardant la carte du passeport, nous voyons que nous pouvons modifier facilement la route de notre retour pour en suivre les étapes. Finalement, alors que je pensais que nous arrivions à son aboutissement, notre périple sur les pas de Jehanne commence maintenant !

Nous nous arrêtons à Neufchâteau, Vaucouleurs, Orléans, Patay, Meung-sur-Loire, Cléry-Saint-André, Beaugency, Sainte-Catherine-de-Fierbois. À chaque étape, nous nous plongeons dans les explications historiques et nous allons nous recueillir dans l'église ou sur le lieu correspondant au passage de Jehanne. À Sainte-Catherine-de-Fierbois, nous prions longuement dans l'église dédiée à sainte Catherine d'Alexandrie, où Jehanne est venue chercher derrière l'autel l'épée que Charles Martel aurait laissée. Légende ou vérité ? Cela nous importe peu : nous sentons ce lieu imprégné de foi. Un immense étendard trône sur un côté, reproduisant la bannière de Jehanne. Tout, dans ce lieu, nous rappelle la Pucelle d'Orléans.

Après Sainte-Catherine-de-Fierbois, nous terminons notre périple à Chinon. Il fait si chaud que nous n'y restons que peu de temps. Il est l'heure de rentrer chez nous ! Il ne nous reste plus qu'une étape à valider sur notre passeport johannique et je tiens à garder ce dernier espace pour la ville de Rouen, où Jehanne a été brûlée vive sur un bûcher. Il faudra reprogrammer un autre voyage. Plus tard, lorsque nous serons enfin à Rouen, nous nous rendrons à l'office de tourisme où, cette fois, le tampon sera introuvable. De nos jours, peu de gens doivent le réclamer pour valider leur passage dans cette ville johannique. Je pourrai néanmoins noter la date sur l'emplacement réservé, comme je l'ai fait à chaque étape : 19 juillet 2021. Je me rendrai compte alors que nous avons terminé ce pèlerinage dans les pas de Jehanne, jour pour jour, deux ans après notre arrivée à Domremy. Serait-ce un « clin Dieu » ?

19

Pèlerinage en couple dans le sud de la France

Un an après notre périple à Domremy, malgré la pandémie, Philippe et moi prenons la route en direction du sud de la France, toujours dans notre camionnette aménagée. Nos objectifs sont les sanctuaires du Puy-en-Velay, de la Sainte-Baume et de Cotignac.

Au bout de quelques heures, nous nous arrêtons au Puy-en-Velay, haut lieu spirituel auvergnat. Nous gravissons les nombreuses marches qui mènent à la cathédrale Notre-Dame-de-l'Annonciation. Au maître-autel, une Vierge noire contemple les pèlerins qui l'ont implorée au cours des siècles. En sortant de l'édifice, nos yeux sont attirés par la statue colossale de Notre-Dame de France qui trône au sommet du rocher Corneille. Nous entamons la montée vers la Vierge couronnée d'étoiles qui nous tend l'Enfant-Jésus, heureux de pouvoir lui confier nos intentions de prière, en particulier la France. Malheureusement, les contraintes sanitaires liées à la covid nous interdisent d'accéder à la statue. Quelle déception ! Nous prenons finalement la direction du rocher Saint-Michel, à proximité. Durant notre ascension, nous rencontrons une guide bénévole qui nous propose de nous accompagner. En chemin, elle nous explique l'histoire de la chapelle qui surplombe ce dyke volcanique.

La nuit va bientôt tomber. Après plusieurs heures de marche soutenue sur des pentes escarpées, nous nous mettons à la recherche d'un lieu retiré pour dormir paisiblement. L'une après l'autre, nos tentatives s'avèrent infructueuses. Nous quittons Le Puy-en-Velay. Pressée de me reposer, j'implore le Seigneur d'inspirer Philippe sur la route. Quelques minutes après, il aperçoit un château accroché sur un massif ceinturé par un petit bourg. C'est la forteresse médiévale de Bouzols. Nous décidons de nous y rendre. Arrivés sur le parking du château, Philippe part à la recherche du propriétaire afin de lui demander l'autorisation de nous installer pour la nuit. Ce dernier, très aimable, nous donne son aval pour stationner ici cette nuit et nous invite même à faire le tour de sa majestueuse demeure pour en admirer l'architecture.

Après un rapide dîner, Philippe et moi flânons sur un chemin, en planifiant la journée du lendemain. Alors que nous achevons notre promenade, mon mari aperçoit deux hommes qui tournent autour de notre véhicule. Je reste en arrière. Philippe s'avance vers eux pour leur demander ce qu'ils veulent :

— Bonjour, Messieurs, vous cherchez peut-être quelque chose ?

— Non, non… Elle est à vous la voiture ? On regardait votre plaque d'immatriculation. Vous venez de Vendée, c'est ça ?

— Oui, pourquoi ?

— Je vois que vous avez un autocollant du Puy du Fou. Vous habitez à côté ?

Les deux inconnus semblent sympathiques. Philippe est rassuré et me fait signe d'avancer. À son attitude souriante près des deux hommes, je devine qu'il n'y a pas de danger. L'un d'eux, prénommé Paul, poursuit :

— Au Puy du Fou, il paraît qu'il y a l'anneau de Jehanne d'Arc. Vous croyez que c'est le vrai ?

Philippe et moi nous regardons, sans oser répondre. Nous détournons la conversation sur les travaux du château, dont le mur d'enceinte menace de s'écrouler sur les maisons en contrebas.

— C'est ma maison au pied du mur, précise Paul.

Il ajoute avec un air résigné :

— Les camions et les engins de chantier n'arrêtent pas de passer devant chez moi. Il faut bien que les choses se fassent…

La gêne occasionnée par ces travaux le soucie, visiblement. Au fil de la discussion, Paul nous invite chez lui. Nous acceptons. Ce sera l'occasion de partager un bon moment ensemble. Autour d'un verre de cidre rafraîchissant, Paul et Louis nous apprennent qu'ils sont catholiques pratiquants. Je me sens alors en confiance et leur raconte l'histoire de ma conversion. Malgré la fatigue, Philippe et moi prolongeons notre soirée chez Paul jusqu'au cœur de la nuit. Avant de nous quitter, nous lui demandons les horaires des messes au Puy-en-Velay. Il nous donne rendez-vous le lendemain à une église où nous pourrons assister à un bel office empreint de sacré, qui correspond à nos désirs profonds. Paul nous y présentera Louise, une dame très pieuse qui assiste à chaque office. Comment ne pas fondre devant cette grand-mère souriante, coquette, avenante, si gentille et si généreuse ? Elle aussi nous invitera chez elle et c'est avec regret que nous reprendrons la route en laissant derrière nous Louise, Paul et Louis, qui deviendront de véritables amis et que nous reverrons ponctuellement chez eux ou lors de leurs passages en Vendée.

Comme Paul nous avait suggéré de faire halte dans la commune de Saint-Pierre-de-Colombier, où se trouve la maison mère de la Famille missionnaire de Notre-Dame, nous mettons le cap sur l'Ardèche. Arrivés là-bas, les membres de cette communauté catholique nous accueillent chaleureusement et nous invitent à partager leurs temps de prière, ce que nous acceptons avec joie. Après cette pause ressourçante, nous nous dirigeons vers la Sainte-Baume. Figure importante du christianisme antique, sainte Marie-Madeleine s'y serait retirée à la fin de sa vie, vivant dans une grotte nichée sous une montagne escarpée. En effet, elle aurait été expulsée de Palestine durant les premières persécutions antichrétiennes et serait venue évangéliser la Provence, après avoir débarqué sur les rivages des Saintes-Maries-de-la-Mer, en Camargue.

À l'hostellerie de la Sainte-Baume, nous nous renseignons sur les horaires des messes célébrées dans la grotte. Hélas, celle-ci est fermée ! Notre enthousiasme est refroidi malgré la chaleur estivale… Des éboulements de cailloux se sont produits récemment. Par sécurité, le lieu de pèlerinage est interdit au public jusqu'à nouvel ordre. En revanche, il est permis d'accéder à la chapelle du Saint-Pilon, où se dresse une statue représentant sainte Marie-Madeleine.

Dès le lendemain, nous arpentons le sentier pierreux afin de nous recueillir dans cette chapelle. Une fois arrivés au sommet, une question nous préoccupe : où allons-nous vivre la messe aujourd'hui, puisque le sanctuaire de Marie-Madeleine est fermé ? Il est 13 h 30 et nous commençons notre pique-nique lorsque nous apercevons un groupe de pèlerins, accompagnés d'un prêtre en soutane. Ce dernier ouvre sous nos yeux sa mallette liturgique pour célébrer l'eucharistie et nous autorise à y assister. Nouveau cadeau de la Providence, et tellement improbable ! Philippe et moi venant d'avaler notre déjeuner, nous nous abstenons de communier pour respecter le jeûne eucharistique. Nos âmes se contenteront d'être nourries par la parole de Dieu.

Nous empruntons ensuite la direction de Saint-Maximin-la-Sainte-Baume. Dans la crypte de la basilique repose le reliquaire abritant le crâne de sainte Marie-Madeleine. Comme d'autres pèlerins de passage, nous vénérons la sainte relique. En visitant l'église, nous passons devant une chapelle où l'adoration du Saint-Sacrement est accessible à tous. Nous nous asseyons pour prier parmi les âmes contemplatives qui se trouvent là. Peu de temps après, le prêtre, vêtu de ses ornements, vient retirer l'ostensoir pour l'emmener vers le maître-autel. Il va y célébrer la messe ! Nous nous réjouissons de pouvoir y participer. En même temps, Philippe réalise que sa tenue en bermuda ne convient pas aux circonstances. Finalement, il se ravise, faute de temps pour se changer avant la cérémonie. Il serait dommage de rater une si belle occasion de recevoir le Seigneur !

Les bonnes surprises se succèdent. Rien ne laisse présager les petits clins d'œil de la Providence qui stimulent notre foi, sans rien programmer. Notre périple se poursuit au cœur de la Provence, à Saint-Joseph de Cotignac, où sont apparus en deux temps Marie et Joseph. Tout d'abord, en 1519, la mère de Dieu se présenta à un bûcheron nommé Jean de la Baume, et s'adressa à lui en ces termes :

— Je suis la Vierge Marie. Allez dire au clergé et aux consuls de Cotignac de me bâtir ici même une église sous le vocable de Notre-Dame-de-Grâces, et qu'on y vienne en procession pour recevoir les dons que je veux y répandre.

Les autorités acceptèrent d'y élever une chapelle à l'endroit des apparitions. La deuxième visite céleste eut lieu le 7 juin 1660, à une poignée de kilomètres de là : ce fut l'apparition de saint Joseph à un berger assoiffé, Gaspard Ricard. Ce dernier raconta avoir vu un vieillard qui lui ordonnait de soulever une grosse pierre pour y trouver une source. Le vieil homme disait qu'il s'appelait Joseph. La source fut bien découverte au lieu indiqué, alors que le secteur était connu pour être privé de point d'eau. Les pèlerins affluèrent et une chapelle y fut construite pour vénérer saint Joseph. Ce lieu de culte est rattaché au sanctuaire de Notre-Dame-de-Grâces, tout proche.

À Cotignac, nous logeons dans une communauté chrétienne. La chaleur est écrasante. Après une bonne nuit de repos, dans un logement agréable, nous profitons de la piscine extérieure. En lieu et place de notre habituel confort sommaire, s'offre à nous un séjour de deux jours quelque peu luxueux ! Après une baignade, nous partons visiter Notre-Dame-de-Grâces. Nous nous recueillons dans la crypte où le Saint-Sacrement est exposé, et prenons les informations nécessaires pour nous rendre le lendemain au sanctuaire de saint Joseph. Le chemin semble abordable et la chapelle facile à trouver. Nous irons donc à pied, puisqu'il n'y a que quelques kilomètres à faire. En regardant le plan, je peine à croire que Camille, une amie, a pu se perdre en y allant : cela paraît si simple ! Quand nous lui avons annoncé notre étape estivale à Cotignac, elle nous a en effet raconté qu'elle s'était égarée entre les deux sites, cependant peu distants l'un de l'autre. Elle avait ainsi marché durant trois heures au lieu des cinquante minutes annoncées ! Au bout du compte, elle n'avait plus d'eau et ses enfants commençaient à s'inquiéter. Comme son sens de l'orientation n'est pas très développé, nous pensons que cela ne risque pas de nous arriver.

Alertés par l'expérience de Camille, nous emportons cependant un peu plus d'eau que prévu, et nous nous promettons d'être vigilants tout au long du parcours. Nous commençons tranquillement notre marche tout en admirant le paysage. Le chemin est jalonné de magnifiques oratoires, tous plus beaux les uns que les autres. Nous nous arrêtons devant chaque calvaire pour prier et prendre une photo. Nous remarquons que certains cailloux du sentier sont ornés de bandes de couleurs, indiquant que nous sommes bien sur un sentier de randonnée. Au bout d'un moment, une patte d'oie propose deux directions possibles. Nous ne mettons pas longtemps à choisir, puisque l'une d'elles est balisée par des cailloux ornés des fameuses bandelettes colorées : nous prenons cette direction, persuadés que nous ne devrions pas tarder à voir s'élever le sanctuaire.

— Continuons encore un peu, nous finirons bien par y arriver ! lance Philippe.

Minute après minute, nous cheminons sans rien apercevoir. La végétation se densifie. Peut-être sommes-nous à deux pas du but ? Ce serait dommage de faire demi-tour maintenant. Notre optimisme qui, jusque-là, prenait le dessus, commence à vaciller. Faisons le point : nous n'avons pas de montre, mais il semblerait que nous ayons marché plus de cinquante minutes ; et les repères sur les cailloux ont disparu. Soyons clairs, nous nous sommes égarés ! En fait, le sens de l'orientation n'y est pas pour grand-chose, mais plutôt le bon sens tout court. Nous ne sommes pas plus malins que Camille !

Le soleil monte tranquillement au zénith et notre réserve d'eau, pourtant conséquente, est presque vide. Sous la chaleur provençale, inhabituelle pour nous, l'épuisement nous menace. Il ne nous reste plus qu'à revenir sur nos pas et à prendre la seconde piste. Arrivés de nouveau à la patte d'oie, nous constatons que, de l'autre côté du chemin, un panneau peu visible indique la direction du sanctuaire. Nous le rejoignons facilement et rapidement. Là, nous attend enfin la fontaine de saint Joseph. Cette source bienfaisante est une vraie bénédiction pour nos corps, nos âmes… et nos gourdes ! Après nous être copieusement désaltérés, nous prions longuement saint Joseph ; nous entrons ensuite dans la boutique pour acheter quelques souvenirs, glaner des informations sur la vie du sanctuaire et surtout sur l'horaire des offices. Nous reviendrons demain matin pour la messe, avant de reprendre la route pour la fin de nos délicieuses vacances.

20

Le parfum de Notre-Dame-des-Roses à San Damiano

Au début du mois d'octobre 2020, me voilà partie pour San Damiano, petit village de deux cents âmes situé au nord de l'Italie. Des faits étonnants s'y seraient passés depuis 1964 : en effet, la Vierge Marie serait apparue à Rosa Quattrini, une humble paysanne, qui souffrait d'une péritonite perforée et qui aurait été soudainement guérie chez elle. Les premières apparitions dateraient de 1964 et auraient duré pendant vingt ans. Marie, se présentant à Mamma Rosa comme la « Mère de la consolation et des affligés », aurait délivré de nombreux messages, dont celui qui évoque le « Petit Jardin ». La reine du Ciel aurait dit :

— Ce lieu est mon jardin de Paradis sur cette terre, je suis toujours ici avec les anges et les saints.

Ce lieu d'apparitions de « Notre-Dame-des-Roses », selon son appellation locale, n'est pas encore officiellement reconnu par l'Église, malgré des accords tacites permettant à des milliers de pèlerins d'y recevoir de nombreuses grâces et consolations.

C'est la deuxième fois que je me rends à San Damiano. J'y suis déjà allée en mai 2017 avec Philippe, Pauline, Tom et Agathe. Cette fois-ci, seule Agathe m'accompagne. Elle tenait à m'offrir ce voyage pour mon anniversaire et pour me remercier de mon fidèle soutien pendant les longues années du combat spirituel de Tom. Elle connaît bien cet endroit pour y être venue régulièrement avec sa mère depuis son adolescence.

Nous arrivons au village très fatiguées. Notre voyage en car a été perturbé par une tempête, qui a contraint notre bus à faire un détour de plusieurs dizaines de kilomètres par le tunnel routier du Saint-Gothard, en Suisse – celui-là même dont l'inauguration a été très particulière. Ce contretemps nous prive malheureusement de la messe du matin, mais nous ferons tout pour suivre les trois rosaires, récités chaque jour à la gloire de la Sainte-Trinité, au Petit Jardin : le matin, à la gloire du Père ; à midi, à la gloire du Fils ; le soir, à la gloire du Saint-Esprit.

En attendant l'heure du premier rosaire, Agathe et moi nous dirigeons vers la pension Saint-Joseph, non loin du Petit Jardin, pour nous installer dans la chambre que nous avons réservée. Nous y serons trois, car la configuration de la pension ne permet pas le même fonctionnement qu'un hôtel. Les chambres, qui comportent chacune deux ou trois couchages, sont remplies au fur et à mesure des réservations. Une dame s'est déjà installée dans la nôtre. Elle s'appelle Élisabeth et arrive de Poitiers, dans la Vienne. C'est la première fois qu'elle vient à San Damiano. Après avoir pris le temps de faire sa connaissance, nous lui proposons de la guider dans les différents lieux du sanctuaire, afin de lui éviter de s'égarer et lui permettre d'apprécier davantage son séjour. Elle accepte volontiers. Nous la prenons sous nos ailes, et Agathe lui explique brièvement l'histoire des apparitions vécues par Mamma Rosa. De mon côté, je m'évade par la pensée. Je me remémore le voyage au cours duquel l'animateur du bus nous a raconté qu'à San Damiano, Marie peut nous accorder de nombreuses grâces. Il me vient alors à l'idée de demander deux choses à la Sainte Vierge. La première, c'est de réussir à suivre la récitation des rosaires, au rythme soutenu auquel il est dit : un vrai défi pour la néophyte que je suis ! Lors de mon premier séjour, je n'y étais pas arrivée. De plus, ils étaient récités en latin, avec des chants en italien. La deuxième concerne justement la possibilité de prononcer le *Je vous salue Marie* en latin. Je garde ces demandes dans le secret de mon cœur.

En parcourant les rues de San Damiano, nous achetons quelques souvenirs religieux. Ici, comme dans tous les lieux d'apparition mariale, la Vierge dispense des faveurs extraordinaires. Une grande quantité d'eau fut trouvée juste derrière un poirier ayant refleuri miraculeusement, à une profondeur de dix-sept mètres. Notre-Dame-des-Roses précisa que cette eau purifiait l'âme et le corps. Elle demanda à tous de venir en prélever, à la fois pour l'emporter chez eux et pour la donner aux malades dans les hôpitaux. Une tradition locale dit que les mouchoirs blancs apportés par les pèlerins les premiers vendredis et samedis du mois sont bénits par la Sainte Vierge elle-même, et que ceux qui s'en essuient les yeux reçoivent la lumière du Ciel :

ils comprennent que Jésus les appelle, qu'ils doivent demander pardon et faire pénitence pour parvenir au paradis.

Nous faisons le plein de ces armes spirituelles et remplissons nos bidons personnels pour repartir avec cette eau aux bienfaits reconnus. Pendant que des femmes prient, comme il est de coutume, ce sont généralement les hommes du pèlerinage qui se chargent de cette logistique millimétrée en faisant des allées et venues entre la fontaine et le car, les bras et chariots chargés des récipients.

Nous nous installons pour le rosaire de midi : il nous faut trouver une place sur un banc auprès du Petit Jardin. Par chance, la Providence nous conduit face à la grille qui nous sépare de la statue de Notre-Dame-des-Roses. Nous avons pris nos mouchoirs et les objets que nous ramènerons en France pour nous et pour nos proches : Marie pourra ainsi les bénir. Juste avant le début du rosaire, Agathe me montre, dans son livret spirituel de San Damiano, les pages où se trouvent les prières. Je sors mon propre livret : je suis prête.

La personne qui anime le rosaire commence sur les chapeaux de roues. Ici, les prières se récitent très rapidement pour terrasser le Malin ! Je n'ai pas le temps de réfléchir, nous égrenons le chapelet en latin à une vitesse record. À ma grande stupeur, je parviens à suivre la cadence soutenue, et je comprends et récite les *Ave Maria*. Je n'en reviens pas ! Marie m'aurait-elle entendue ? À la fin du rosaire, Agathe me dit :

— Dis-moi, tu as révisé avant de venir ? J'ai l'impression que tu te débrouillais bien, je t'ai même entendue dire les *Ave Maria*! Tu m'avais caché que tu connaissais le latin?

— Non, non... J'ai juste demandé à Marie, tout à l'heure, si elle pouvait m'aider à comprendre, suivre le rosaire et connaître l'*Ave Maria.* Je suis comblée, quelle grâce, merci Marie!

Et en riant, j'ajoute:

— J'aurais dû lui demander la même chose pour le *Notre Père* en latin! Ce sera pour une prochaine fois.

Après le déjeuner et un repos bien mérité, nous enchaînons avec le rosaire de 17 heures, chapelet à la main. Les yeux fermés, nous participons à la chaîne de prières perpétuelles. Soudain, je sens un parfum intense et agréable, semblable à un doux mélange de roses et de jasmin. Il est impossible à décrire: je n'ai jamais rien senti de tel auparavant. J'ouvre les yeux et lève la tête pour voir d'où vient ce doux parfum. Qui est passé près de moi? Personne à l'horizon. Cela ne peut pas être les fleurs qui embellissent le Petit Jardin, je les aurais déjà senties à midi. Je n'ai pas le temps de me poser de questions: Agathe et Élisabeth lèvent aussi la tête. Nous échangeons des regards compréhensifs.

À qui est ce parfum venu de nulle part, qui nous embaume sans qu'il n'y ait personne? Nous remarquons que personne d'autre ne réagit ainsi. Nous ne sommes que toutes les trois à nous arrêter de prier et à regarder partout autour de nous. La bonne odeur subsiste une trentaine de secondes, puis disparaît en un éclair. Élisabeth et moi sortons du silence pour nous interroger à haute voix:

— Tu as senti? D'où cela venait-il?

Et là, en tressaillant, Agathe s'exclame:

— C'est Marie !

— Quoi ?

— C'est Marie ! Cette odeur, je la reconnais ! Je l'ai déjà respirée lors d'un autre séjour ici, avec Tom et des amis : on dit que c'est Marie qui nous rend visite !

Une fois le rosaire terminé, nous continuons à nous recueillir toutes les trois devant la statue de Marie. Intérieurement, je la remercie de m'avoir donné, comme je le suppose, tant de grâces aujourd'hui. Au dîner, la conversation ne tourne plus qu'autour de cet événement. D'autres pèlerins témoignent avoir senti le même parfum lors d'un de leurs séjours ici. La soirée se prolonge par de longs échanges spirituels. Mais nous ne tardons pas à aller nous coucher, car la nuit sera courte.

À 4 h 30, le réveil sonne. Nous ouvrons difficilement les yeux, bien que fermement décidées à suivre le rosaire de 5 heures. Nous nous préparons méticuleusement afin de ne rien oublier : le livret de prières, le chapelet, une lumière et surtout de quoi se couvrir. Arrivées devant la grille du Petit Jardin, toujours face à la statue de Marie, nous ne regrettons pas nos sacs de couchage. Pendant plus d'une heure, nous restons assises à prier. Les courageux sont rares : ce n'est pas évident d'arriver à suivre le rythme de ce pèlerinage. Le chapelet commence, toujours à la même vitesse. Je suis la cadence sans problème et l'ardeur de mes prières me fait oublier la température très basse. Soudain, je m'arrête net : le parfum revient. Je le reconnais immédiatement ! Je regarde mes voisines ; elles aussi ont interrompu leurs prières. Nous restons là, sans un mot, à savourer cet instant, comprenant que notre douce Mère est revenue nous gratifier de sa présence. Le parfum subsiste encore quelques secondes, et s'évapore de nouveau. Aussitôt, une terrible bourrasque s'abat sur nous. Le bruit assourdissant des branches qui s'entrechoquent nous laisse craindre le pire. Que se passe-t-il ? Nous nous cramponnons à nos affaires, en espérant que ce coup de vent va vite s'estomper. Est-ce une tornade ? Puis, d'un seul coup, plus rien : tout redevient calme, comme si rien ne s'était passé. En dépit de nos cheveux ébouriffés, nous nous demandons si nous n'avons pas rêvé. Tout cela est pourtant bien réel puisque nous étions toutes les trois, que nous venons de vivre les mêmes sentiments au même endroit, au même moment, sans nous concerter. Drôle de phénomène ! C'est comme si le Ciel voulait nous donner un signe.

Les seize heures de trajet en bus pour revenir en France sont rythmées par des témoignages, des prières et des temps de repos. Chacun est libre de relater ce qu'il a vécu pendant le pèlerinage à San Damiano. À en croire le nombre de personnes qui racontent leur séjour, celui-ci a été riche en grâces. Les récits sont tous plus étonnants les uns que les autres. Mais ils ont un point commun : l'impression d'avoir reçu un immense amour de différentes manières, selon la personnalité de chacun. Du « sur-mesure », en quelque sorte ! Est-ce un hasard si l'anagramme de MARIE est le verbe « AIMER » ? Ultérieurement, je retournerai à San Damiano avec une amie récemment convertie pour lui faire expérimenter la présence de la Reine des cieux, qui nous accompagne en permanence.

21

À la découverte d'autres lieux spirituels

Année après année, nous poursuivons nos vacances pèlerines, toujours dans notre fourgon aménagé, ou très exceptionnellement en réservant une location. C'est ainsi que nous passons des moments plus ou moins longs dans différents sanctuaires mariaux comme Lourdes, Notre-Dame du Laus ou Notre-Dame de La Salette. Nous rencontrons de nombreux pèlerins qui font part des beaux moments qu'ils y ont vécus.

Il me semble qu'en tant que chrétien, il est important d'aller à la rencontre de la Vierge Marie dans ces lieux de prédilection. L'Église a pris le temps du discernement afin de reconnaître ou non l'authenticité des apparitions mariales. Pendant ce temps d'attente, de nombreuses personnes, déjà convaincues, venaient y prier pour demander des grâces spéciales ou une guérison. C'est en partie grâce aux témoignages de ces chrétiens pieux que l'Église s'investit dans ces lieux de pèlerinage. Et de ce côté-là, notre pays est particulièrement gâté ! Nous partons donc les découvrir avec enthousiasme.

Avant ma conversion, j'ignorais leur existence, excepté Lourdes. Pendant de nombreuses années, nous sommes allés en vacances d'hiver à Cauterets, avec les enfants, en traversant Lourdes. Au bout de quelques allers et retours, l'envie de m'y arrêter m'avait traversé l'esprit, sans vraiment savoir pourquoi. Peut-être par simple curiosité ou pour visiter une église ? Un jour, j'en avais parlé à Philippe, mais trop tard ! Nous arrivions à Lourdes et je le prenais au dépourvu, alors que le programme était prévu.

— Cette fois, me dit-il, c'est impossible. Mais ce sera pour l'année prochaine. Nous ferons alors en sorte de nous y arrêter suffisamment longtemps.

Je sentais une pointe de déception dans mon cœur. Aussi, l'année suivante, nous nous étions organisés pour visiter Lourdes, que j'avais trouvée magnifique. En passant devant une porte où était indiqué : « Ici, vous pouvez déposer vos intentions de prière ou faire dire une messe », j'avais demandé à Philippe des explications. Aussitôt éclairée, j'étais entrée dans ce lieu et, sans y croire, j'avais versé mon obole afin de faire dire une messe pour une amie qui vivait des moments difficiles. Elle deviendra, par la suite, la marraine de Clothilde. Depuis ce jour, dès que Philippe et moi sommes dans le Sud-Ouest, nous nous arrêtons à Lourdes pour prier.

En mars 2021, nous décidons de passer la fête de saint Joseph à Notre-Dame du Laus. Nous sommes encore en restriction sanitaire en raison de la pandémie. L'hôtellerie est fermée, alors nous réservons un studio à la communauté des bénédictines du Sacré-Cœur-de-Montmartre, qui nous accueillent chaleureusement, nous informent du programme de la semaine et nous invitent à partager avec elles des moments de prière pendant notre séjour ; ce que nous ferons avec grand plaisir.

Ce lieu de pèlerinage invite au recueillement, tant par le calme du lieu que par la beauté de la basilique où repose la vénérable Benoîte Rencurel ; cette jeune bergère a reçu, à partir de mai 1664 et pendant cinquante-quatre ans, les messages d'une « belle dame », lui ayant révélé ainsi son identité :

— Je suis Dame Marie.

La Vierge Marie demanda ensuite à Benoîte de se rendre au Laus et d'aller dans la chapelle de Bon-Rencontre, d'où un parfum suave s'échappait. Marie lui dévoila alors son projet :

— J'ai demandé ce lieu à mon Fils pour la conversion des pécheurs et il me l'a accordé.

Marie expliqua à Benoîte que seraient guéris ceux qui appliqueraient avec foi sur leur corps malade de l'huile de la lampe du tabernacle, en recourant à son intercession.

En ce lieu béni, je me ressource entre les randonnées, le chemin de croix et les offices. Je peux également aller adorer le Seigneur à toute heure du jour et de la nuit, dans une pièce qui jouxte notre logement. Quelle grâce ! En début d'après-midi, veille de la fête de saint Joseph, je me décide à me confesser. Heureusement, il n'y a là qu'un fidèle devant moi : mon tour va vite arriver. Je prépare ma confession en me mettant en prière et j'attends une demi-heure, une heure... La personne qui se confesse n'est toujours pas sortie. Fatiguée de patienter, je quitte le vestibule des confessionnaux et me dirige sur un banc de la basilique pour prier. Je demande au Seigneur de me trouver un autre prêtre afin que je puisse me confesser, sinon je repartirai sans l'absolution.

À peine ai-je achevé ma supplication qu'une porte latérale s'ouvre, laissant passer un prêtre qui porte une aube et une étole violette sur le bras. Je le suis du regard en interpellant le Seigneur : *« Eh bien, s'il va vers les confessionnaux, chapeau ! C'est du service rapide ! »* ; et en me disant que si je lui avais posé la question plus tôt, je n'aurais peut-être pas attendu une heure. Un jour, un prêtre m'avait dit que le Seigneur avait de l'humour, alors pourquoi s'en priver ? Chose tout de même étonnante, lorsque je sollicite ce prêtre sorti de nulle part, il me dit :

— Je ne devais pas être là, je me reposais quand tout à coup, je me suis dit qu'il fallait que je vienne confesser.

Philippe et moi nous rendons ensuite à La Salette. La neige, encore présente en cette saison, nous cause quelques difficultés pour monter jusqu'au sanctuaire. Et, une fois arrivés, quelle n'est pas notre déception de trouver porte close ! Je ne m'étais pas renseignée avant notre départ. Nous parvenons à trouver un prêtre qui nous explique que la basilique est fermée pour un grand ménage. Nous lui expliquons que nous venons de loin et que nous ne pourrons peut-être jamais revenir. Rien n'y fait ! À défaut de nous recueillir dans la chapelle, nous nous dirigeons vers les statues de Marie, de Mélanie et Maximin qui trônent sur la place enneigée. Nous restons là le temps de quelques prières, surtout pour un petit Joseph qui est très malade. Je dépose cette supplication aux pieds de Marie, comme je le fais pour diverses intentions dans les lieux saints où nous allons ; j'y ajoute cette fois la photo de ce petit garçon souriant à la vie. Le soir même, en rentrant, je reçois un SMS indiquant que ce petit ange a rejoint la maison du Père. Une messe sera dite pour lui à Notre-Dame du Laus.

Sur la route du retour, je reçois aussi un appel d'une dame que je ne connais pas. Elle m'explique qu'elle organise, pour une association située en Vendée, des pèlerinages et des rencontres autour de sainte Jehanne d'Arc. Elle a entendu mon témoignage sur RCF Anjou, au mois d'octobre précédent. Une journaliste de cette radio m'avait en effet contactée pour m'interviewer. J'avais compris que le directeur de RCF Anjou était puyfolais et qu'il avait entendu parler de moi. La personne de l'association dédiée à sainte Jehanne d'Arc m'invite à Reims l'été suivant, pour témoigner devant une assemblée d'une centaine de personnes. Très surprise de cet appel et un peu méfiante, je lui explique mes réticences à parler de ma conversion devant des inconnus. Les paroles d'un prêtre résonnent alors en moi : *« L'Église a besoin de témoignages forts comme le vôtre, pour ancrer dans la foi les brebis égarées. »* Alors, finalement, j'accepte. Le Seigneur nous a donné une immense grâce en sauvant notre famille : le temps est peut-être venu de parler !

C'est l'été. Le jour du témoignage est arrivé. Je raconte simplement ma conversion devant une centaine de catholiques. J'ai une certaine appréhension, mais tout se passe bien. Je suis la première étonnée par les réactions positives après mon intervention. Les heures suivantes, Philippe et moi reprenons nos vacances pèlerines, direction Lisieux, en Normandie.

Nous y découvrons l'intimité de sainte Thérèse en visitant sa maison, Les Buissonnets. Nous sommes aussi émerveillés par la basilique, qui est une splendeur. Nous prenons le temps d'aller prier devant les reliques de sainte Thérèse et des saints Louis et Zélie Martin, ses parents. Nous contemplons la coupole lorsque nous remarquons qu'une messe commence dans le chœur de la basilique. Nous descendons aussitôt afin de pouvoir recevoir le Seigneur par la communion. Le matin même, nous étions allés au carmel pour y suivre la messe et, malheureusement, la communion sur la langue nous avait été refusée. Nous étions très déçus, mais pas étonnés. Pendant cette période « covid », lors de nos pèlerinages, nous avions remarqué que, dans certains lieux, nous pouvions communier sur la langue et que, dans d'autres, seule la communion dans la main était acceptée.

Nous rejoignons la petite assemblée des priants, en prenant soin de rester dans le fond. Nous attendons de voir comment va être donnée la communion. Si cela se passe comme ce matin, nous partirons discrètement. Au moment de l'eucharistie, nous constatons que ceux qui le souhaitent peuvent recevoir l'hostie sur la langue. Joie, nous pouvons y aller ! Étant les derniers à communier, nous restons alors dans les premiers rangs afin de pouvoir nous recueillir. En pleine méditation, une dame interpelle Philippe et lui demande si nous sommes des pèlerins. Il lui répond par l'affirmative. La dame se met alors brusquement en colère, en nous incriminant d'avoir communié sur la langue. Elle nous affirme que c'est interdit en raison de la pandémie, qu'elle va aller voir le prêtre pour le lui expliquer. Elle est dans tous ses états. J'arrive enfin à lui couper la parole pour lui demander :

— Qui êtes-vous, Madame, pour vous permettre de dire à un prêtre comment il doit donner la communion ?

Elle s'énerve de plus belle. La violence de ses propos, ajoutée au fait qu'elle vienne nous déranger en prière, m'entraînent à lui répondre vivement à mon tour. Philippe me connaît : il sait que sur ce sujet, il ne faut pas « me chauffer », comme j'ai l'habitude de le dire. Il s'interpose donc en chuchotant :

— Sonia, tu viens de recevoir le corps du Christ. Miséricorde, miséricorde…

Immédiatement, à ces mots, je me calme. Je me repens intérieurement et demande au Seigneur de pardonner à cette femme pour ses paroles. Nous quittons la basilique sur-le-champ, laissant cette personne continuer à vociférer contre nous et le prêtre. Le Seigneur est le maître et la source de la vie. Comment imaginer, lui qui a guéri tant de malades, lui qui est tout-puissant, lui qui n'est qu'amour, qu'il puisse nous transmettre une maladie ? Je trouve vraiment dommage et triste que les catholiques soient divisés par la peur, car l'esprit de peur ne vient pas de Dieu.

Quoi qu'il en soit, je suis toujours admirative devant la richesse spirituelle que la Providence a offerte à notre beau pays. Je trouve que la France, « fille aînée de l'Église », est privilégiée. Nous ne devons pas oublier les paroles mémorables de saint Jean-Paul II, le 1er juin 1980, au Bourget :

Aujourd'hui dans la capitale de l'histoire de votre nation, je voudrais répéter ces paroles qui constituent votre titre de fierté : fille aînée de l'Église. Et j'aimerais, en reprenant ce titre, adorer avec vous le mystère admirable de la Providence. Je voudrais rendre hommage au Dieu vivant qui, agissant à travers les peuples, écrit l'histoire du Salut dans le cœur de l'homme. [...] Un très grand chapitre de cette histoire a été inscrit dans l'histoire de votre patrie, par les fils et les filles de votre nation. Il est difficile de les nommer tous, mais j'évoquerai au moins ceux qui ont exercé la plus grande influence dans ma vie : Jeanne d'Arc, François de Sales, Vincent de Paul, Louis-Marie Grignion de Montfort, Jean-Marie Vianney, Bernadette de Lourdes, Thérèse de Lisieux, sœur Élisabeth de la Trinité, le père de Foucauld et tous les autres. Ils sont tellement présents dans la vie de toute l'Église, tellement influents par la lumière et la puissance de l'Esprit Saint ! [...] Alors permettez-moi, pour conclure, de vous interroger : France, fille aînée de l'Église, es-tu fidèle aux promesses de ton baptême ? Permettez-moi de vous demander : France, fille aînée de l'Église et éducatrice des peuples, es-tu fidèle, pour le bien de l'homme, à l'alliance avec la sagesse éternelle ? Pardonnez-moi cette question. Je l'ai posée comme le fait le ministre au moment du baptême. Je l'ai posée par sollicitude pour l'Église dont je suis le premier prêtre et le premier serviteur, et par amour pour l'homme dont la grandeur définitive est en Dieu, Père, Fils et Esprit.

Il me reste de nombreux sanctuaires à découvrir. Toutefois, le jour où Philippe et moi irons en pèlerinage en Espagne, un prêtre me dira :

— C'est bien, ma fille, de partir dans tous ces lieux, mais il n'y a qu'un endroit où le Seigneur est heureux : c'est dans ton cœur quand tu pries.

Dans ma belle Vendée, j'ai ce qu'il faut pour prier. Je pense notamment à saint Louis-Marie Grignion de Montfort, qui repose dans la basilique de Saint-Laurent-sur-Sèvre, et à son *Traité de la vraie dévotion à la Vierge Marie*. En voici un extrait :

> Plus […] tu gagneras la bienveillance de cette auguste Princesse et Vierge fidèle, plus la conduite de ta vie sera inspirée par la foi pure. Une foi pure qui fera que tu ne te préoccuperas guère de ce qui est sensible et extraordinaire. Une foi vive et animée par la charité qui ne te fera agir que par le motif du pur amour. Une foi ferme et inébranlable comme un rocher qui te fera demeurer ferme et constant au milieu des orages et des tourments. Une foi agissante et perçante qui, comme un mystérieux passe-partout, te fera entrer dans tous les mystères de Jésus-Christ, dans les fins dernières de l'homme et dans le cœur de Dieu même.

Il me reste beaucoup de choses à méditer pour apprendre à vivre le quotidien sous le manteau de Marie et en suivant l'exhortation de Jehanne : « Dieu premier servi ! » Mais je suis en chemin…

22

Notre vie d'aujourd'hui

Aujourd'hui, tous les membres de notre famille n'avancent pas au même rythme dans la foi. Chacun a sa manière de suivre le Seigneur. Je respecte le choix de mes enfants, même si, parfois, je pense qu'il serait mieux qu'ils fassent telle ou telle chose ; par exemple, venir plus souvent à la messe pour certains. Mais je suis très fière de leur parcours. J'essaie, à ma modeste place, de rattraper ce que j'ai raté, en douceur. Je ne peux pas me permettre de dire davantage : ils en ont déjà fait plus que moi à leur âge. Je les trouve très courageux d'avoir accompli tout ce chemin, n'ayant rien reçu de ma part. Je continue de prier pour qu'ils ne lâchent pas Jésus et Marie. Toutefois, je sais que, maintenant, dans leur cœur, la Sainte Famille tient une place particulière.

Je le constate quand ils assistent à la messe. Clothilde est souvent émue ; elle m'a confié qu'après la communion, elle est plus apaisée, plus légère. Je vois également Pauline prier en profondeur. C'est elle qui, de temps à autre, m'explique des phrases de l'Évangile que je ne comprends pas immédiatement. Quant au chemin de François, il passe par des questionnements et des échanges. Depuis peu, je note en lui un changement important : il vient désormais tous les dimanches à la messe, ce qui n'était pas le cas il y a peu de temps. Il a trouvé un père spirituel avec qui il peut avancer. Enfin, Thibault va parfois retrouver le gérant d'un bar, avec lequel il passe de longs moments à discuter. Ce barman, qui a fait sa confirmation en même temps que moi, se consacre à l'évangélisation de sa clientèle. Il est même devenu sacristain de l'église d'à côté, et demande souvent à Thibault d'aller fermer ses portes le soir.

Les enfants que j'accueille, « mes trois loulous » comme je les appelle tendrement, sont également heureux d'avancer dans la foi. Leur vie a été difficile, mais depuis qu'ils sont proches du Seigneur, ils sont plus en confiance. Ils ont trouvé la place qu'ils cherchaient auparavant. Les filles continuent d'aller au catéchisme, ce qui développe en elles une curiosité spirituelle. Elles posent des questions après la messe, cherchent à comprendre, s'intéressent à tout. L'aîné a voulu apprendre à être servant d'autel. En ce moment, il prépare sa confirmation. Tous trois ont souhaité aménager dans leur chambre un coin prière personnalisé, où ils se recueillent chaque soir.

Depuis quelques années, Philippe a rejoint l'équipe des sacristains de l'église du Sacré-Cœur. Il fait aussi partie d'un groupe de catéchèse animé par un prêtre de cette église. Dès qu'il peut rendre service, il est présent. Le Seigneur nous a unis il y a trente ans et nous avons toujours été très complices. Mais depuis notre conversion, nous avons en plus en commun l'amour de Dieu, ce qui nous emplit de joie lorsque nous prions tous les soirs ensemble. Nous avons aussi la chance d'avoir l'adoration perpétuelle, chez les franciscains. Pendant une heure, tous les vendredis soir, nous sommes en paix avec le Seigneur en méditant, en le priant et en l'adorant.

En ce qui me concerne, j'essaie de faire de mon mieux pour continuer à grandir dans la foi. J'appartiens à un groupe de prière pour la France en lien avec l'anneau de Jehanne d'Arc. Nous nous retrouvons une fois par mois et prions le chapelet en méditant sur la vie de la Pucelle d'Orléans. Je m'investis aussi dans la paroisse où nous allons à la messe. J'aimerais faire plus mais le temps me manque : les obligations familiales de mère de famille me prennent beaucoup de temps. Je fais mon devoir d'état, ce qui ne m'empêche pas de prier le plus possible. Je sais qu'un jour, je pourrai donner plus. En attendant, dès que je le peux, je me rends à des conférences, des enseignements. Tout ce qui me permet d'avancer toujours plus en profondeur dans ma foi, je n'hésite pas à le faire.

Un vendredi de Carême, en cette année 2023, tandis que je termine le chemin de croix dans l'église Saint-Pierre de Cholet, en méditant à la dernière station, je remarque une belle statue de sainte Jehanne d'Arc. Comme je viens rarement dans cette église, je ne l'ai jamais vue. Je ressens une vive émotion en voyant des ex-voto de remerciements fixés sous le socle de cette statue. Je réalise que je n'ai jamais vraiment remercié « ma » sainte. Intérieurement, je lui dis : *« Pardon, pardon, Jehanne ! Je te remercie par la prière, mais je vais aussi te remercier en déposant sous ta statue un ex-voto. »* Une évidence m'apparaît alors : cette gratitude devait s'exprimer dans l'église de mon enfance, au moment où j'achève ce livre.

Ma nouvelle vie a commencé grâce à l'anneau de Jehanne et je veux lui rester fidèle. Pendant la saison d'ouverture du Grand Parc du Puy du Fou, dès que je le peux, je vais prier devant cet anneau, dans la chapelle du château où tous les visiteurs peuvent le voir. Il m'arrive aussi d'assister à des messes plus privées en sa présence – notamment lorsque le cardinal Robert Sarah est venu ici en 2017, à l'occasion du centenaire de Notre-Dame de Fatima – ou celles de prêtres et d'évêques de passage. Depuis le centenaire de la canonisation de Jehanne en 2020, l'anneau a été présenté au cours de grandes cérémonies de consécration aux saints Cœurs unis de Jésus et Marie : à Paris, Pellevoisin, Paray-le-Monial et Sainte-Anne d'Auray, en présence des évêques de ces diocèses. Pour des raisons familiales, je n'ai pas pu y aller, tout comme je n'ai pu me rendre à Rouen lors de son exposition dans l'église Sainte-Jeanne-d'Arc. Mais je suis heureuse qu'il puisse parcourir la France pour être vénéré et dispenser des grâces. Je pense que cet anneau n'est pas revenu par hasard dans notre pays – surtout ici en Vendée, terre de martyrs et du Double-Cœur. Je reste convaincue qu'à travers son anneau, Jehanne marque son retour, prête à protéger et à sauver de nouveau notre pays.

Je voudrais terminer ici par un passage extrait de la catéchèse du pape Benoît XVI, à l'audience générale du 26 janvier 2011 :

> J'ai plaisir à rappeler que sainte Jeanne d'Arc a eu une profonde influence sur une jeune sainte de

l'époque moderne : sainte Thérèse de l'Enfant-Jésus. Dans une vie complètement différente, passée dans la clôture, la carmélite de Lisieux se sentait très proche de Jeanne, vivant au cœur de l'Église et participant aux souffrances du Christ pour le salut du monde. L'Église les a réunies comme saintes patronnes de la France, après la Sainte Vierge Marie. Sainte Thérèse avait exprimé son désir de mourir comme Jeanne, en prononçant le nom de Jésus, et elle était animée par le même grand amour envers Jésus et son prochain, vécu dans la virginité consacrée. Chers frères et sœurs, avec son témoignage lumineux, sainte Jeanne d'Arc nous invite à un haut degré de la vie chrétienne : faire de la prière le fil conducteur de nos journées, avoir pleinement confiance en accomplissant la volonté de Dieu, quelle qu'elle soit, vivre la charité sans favoritismes, sans limite et en puisant, comme elle, dans l'amour de Jésus un profond amour pour l'Église.

Épilogue

Il m'arrive de me souvenir comment je vivais, avant ce fameux 4 mars 2016. J'étais dans une ignorance totale, aveugle et sourde, d'une nature anxieuse, inquiète, impatiente. En revanche, j'aimais être à l'écoute des autres et leur rendre service. C'était probablement une question de tempérament. Maintenant, je n'appréhende pas les événements de la même manière. Je suis plus posée, plus en paix, plus joyeuse, peut-être plus aimante. Je sais qu'un être bien plus grand que moi et plein d'amour me guide, me guérit, me console, me conseille, si je reste à l'écoute et dans la confiance. Ce que me disait ma mère se vérifie : les épreuves de la vie sont beaucoup plus difficiles à surmonter sans Dieu que lorsque l'on peut s'appuyer sur lui.

Je suis plus heureuse dans cette nouvelle vie, même si, comme on l'a vu dans ce récit, elle nous a éloignés de certains amis de longue date qui, sans se fâcher, ne viennent plus nous voir. Nous prions pour leur conversion. En contrepartie, je ne peux énumérer le nombre de rencontres surprenantes que nous avons faites depuis ma conversion, près de chez nous ou lors de nos « vacances pèlerines », comme je les appelle. En France ou à l'étranger, elles se sont transformées en amitiés sincères. Et que dire de situations invraisemblables, des détours que nous avons faits pendant nos voyages? La Providence nous guide et nous la suivons. Tous ces imprévus, qui m'ont fait vivre des moments forts, ont nourri ma foi d'une manière improbable. Je les appelle des « clins Dieu ».

Je n'aspire plus qu'à comprendre les Évangiles et découvrir, dès que l'occasion se présente, les lieux où Jésus, Marie, Joseph, les saints et saintes, les bienheureux et vénérables ont laissé des traces ou des leçons de vie. Nous nous sommes déjà rendus dans certains sanctuaires connus pour leurs fruits spirituels ou les guérisons qui s'y produisent. Mais il me semble que j'ai du temps à rattraper! Je remercie le Seigneur de m'avoir accordé cette grâce immense de le connaître. Parfois, je me pose ce type de questions: *« Pourquoi moi? Qu'attend-il de moi? Vais-je être à la hauteur? »*

Je me souviens encore des paroles de ma mère, après mes 10 ans. Elle ne m'appelait plus son « rayon de soleil », mais plutôt « ma rebelle ». Je partais au quart de tour: je ne supportais pas l'injustice et j'étais prête à accepter, si nécessaire, un affrontement direct pour défendre le plus faible, sans méchanceté ni crainte des adultes. Et Maman me disait souvent:

— Heureusement que nous ne sommes plus en guerre, sinon tu y serais partie!

Aurais-je un petit côté Jehanne d'Arc? Profondément marquée par ma conversion, mon existence est dorénavant rythmée par la prière et les sacrements. Je me laisse guider par la phrase de sainte Thérèse de Lisieux: « Jésus ne demande pas de grandes actions, mais seulement l'abandon et la reconnaissance. » C'est un travail de chaque jour, auquel j'espère être fidèle jusqu'à la fin de ma vie, en essayant d'être la plus vraie possible, et en souhaitant – comme tout le monde, je suppose – obtenir la miséricorde de Notre-Seigneur le moment venu. Je pense avoir compris quelque chose d'important : je n'ai que le reste de ma vie pour préparer mon éternité.

Certains passages de ce livre n'ont pas été faciles à écrire, mais je crois qu'ils étaient nécessaires pour que vous saisissiez d'où je viens et à quel point ma vie a radicalement changé. Au fil des années, je réalise, en effet, que ce genre de conversion n'est pas monnaie courante. Ma présence aux exorcismes peut paraître complètement irréelle pour de nombreux chrétiens qui ne croient pas en l'existence de « l'Autre ». Pourtant, il faut bien comprendre que le Seigneur nous aime aussi fort que cet « Autre » nous déteste. Ce dernier ne désire qu'une seule chose : perdre notre âme. Seulement, il est très « malin » : il peut se cacher et nous permettre d'obtenir ce que nous souhaitons, mais pas pour notre bien. Je vous invite à en prendre conscience, afin de pouvoir vous prémunir et vous protéger. Certes, il ne faut pas voir le mal partout ; cependant, il faut aussi s'armer pour ne pas en avoir peur. Confiance : depuis la Croix, Jésus a la victoire !

À la fin de ce livre, je pourrais avoir l'impression d'avoir gâché quarante-neuf années de ma vie. Mais ce n'est pas le cas ! Je ne regrette rien ; j'ai une belle famille et j'en suis très fière. C'était sans doute mon destin. Je suppose que le Seigneur me préparait en silence à pouvoir vivre cette rencontre, de cette façon si particulière et intense. L'Esprit Saint pousse à la foi, l'espérance et la charité. Je lui confie mes joies, mes soucis, mes peines. Lorsque je ne comprends pas ce qui m'arrive, ce n'est pas grave : je sais qu'il ne me veut que du bien, qu'il est toujours auprès de moi pour me soulager, me tenir par la main. Il sait ce qui est bon pour nous, et c'est l'essentiel.

Dernier « clin-Dieu »... Depuis des années, j'avais au fond de moi une sensation étrange : le sentiment qu'un jour je serais riche et que cette nouvelle serait connue. Évidemment, vénale que j'étais, je pensais que cette richesse serait financière. Mais comment ? Je ne joue pas aux jeux d'argent ! Maintenant, tout est clair pour moi : grâce à ma conversion, je suis riche d'Amour, et cela vaut tous les trésors du monde. Merci Seigneur !

Quant à l'anneau de Jehanne, je n'oublie pas que les noms de Jésus (JHS) et Marie (MAR) y sont gravés. Il est plus qu'un simple bijou historique : il me fait penser à une alliance. Sainte Catherine d'Alexandrie, l'une des voix conseillères de Jehanne, avait reçu du Christ un anneau mystique. Celui de Jehanne, offert par ses parents, ne symbolisait-il pas pour elle une alliance ? Une alliance de consécration avec le Christ, mais aussi du Christ avec la France pour laquelle elle était née ? Comme la bannière de Jehanne claquant aux noms de Jésus et Marie, comme le Double-Cœur vendéen de Jésus et Marie, cet anneau est plus qu'un symbole. Il authentifie l'alliance de la France chrétienne à Jésus-Christ, roi du Ciel, uni à la Vierge Marie, reine de France.

ANNEXES

Principaux faits marquants de la vie de Jehanne d'Arc

Jehanne d'Arc, souvent surnommée la « Pucelle d'Orléans », est l'un des personnages majeurs de l'histoire de France. La vie de cette jeune femme, née pendant la guerre de Cent Ans dans une famille paysanne, fut pourtant brève. Voici, en quelques dates, les principaux faits marquants qui feront de cette pieuse bergère de Lorraine une héroïne nationale.

6 janvier 1412 : naissance estimée de Jehanne d'Arc à Domremy en Lorraine, fille de Jacques d'Arc et d'Isabelle Romée. Jehanne a trois frères et une sœur.

Vers 1425 : à 13 ans environ, Jehanne entend des voix qui se présentent comme celles de l'archange saint Michel, sainte Catherine d'Alexandrie et sainte Marguerite d'Antioche. Elles lui confient la mission de libérer Orléans assiégée par les Anglais et de faire sacrer Charles VII à Reims.

13 mai 1428 : première rencontre avec le capitaine de Vaucouleurs, Robert de Baudricourt, qui fournit quelques soldats à Jehanne.

Février 1429 : départ de Vaucouleurs en direction de Chinon.

Fin février ou début mars 1429 : à Chinon, Jehanne reconnaît le dauphin déguisé en gentilhomme au milieu de la cour royale, et lui annonce qu'il sera sacré roi de France à Reims.

8 mai 1429 : Jehanne délivre Orléans avec l'armée que lui a fournie Charles VII.

23 mai 1429 : à Loches, Jehanne supplie le dauphin d'aller se faire sacrer à Reims.

18 juin 1429 : à Patay, l'armée de Jehanne remporte une grande victoire.

17 juillet 1429 : le dauphin Charles VII est sacré roi de France à Reims.

29 décembre 1429 : Charles VII anoblit Jehanne et sa famille dans la chapelle de Mehun-sur-Yèvre.

Avril 1430 : dans l'église Notre-Dame-des-Ardents, à Lagny-sur-Marne, un bébé mort depuis trois jours est guéri miraculeusement à la prière de Jehanne : il revit le temps du baptême, puis meurt à nouveau. Plus tard, Jehanne arrête un brigand, Franquet d'Arras, que personne ne parvenait à attraper.

23 mai 1430 : Jehanne est faite prisonnière à Compiègne par les Bourguignons, alliés des Anglais.

3 mars 1431 : à son procès, Jehanne évoque deux anneaux qu'elle portait à ses doigts, l'un pris par les Bourguignons et l'autre par l'évêque Cauchon. À la demande de l'évêque, elle décrit l'un de ces anneaux, offert par ses parents : « S'il est d'or, il n'est pas de fin or. Je ne sais si c'était or ou laiton. Je pense qu'il y avait trois croix et non autre signe que je sache, excepté Jhesus Maria. »

3 mai 1431 : Jehanne, en prison, reçoit la visite de l'archange Gabriel.

30 mai 1431 : Jehanne communie puis est brûlée vive sur la place du marché de Rouen. Présent à l'exécution avec l'évêque Cauchon, le cardinal Henry Beaufort, évêque de Winchester, emporte avec lui en Angleterre l'anneau décrit par la jeune fille à son procès.

27 janvier 1894 : Jehanne est déclarée vénérable par le pape Léon XIII.

18 avril 1909 : Jehanne est béatifiée par le pape saint Pie X.

16 mai 1920 : Jehanne est canonisée par le pape Benoît XV.

Juin 1956 : exposition temporaire de l'anneau de Jehanne

Armoiries de Jehanne d'Arc

d'Arc en France, à La Turbie et à Rouen, grâce au prêt de son propriétaire anglais, le docteur James Hasson.

4 mars 2016: retour définitif de l'anneau de Jehanne d'Arc en France, racheté par l'association Puy du Fou Espérance avec la contribution de nombreux donateurs. Conformément à la description qu'en faisait Jehanne à son procès, cet anneau du XVe siècle est un alliage de cuivre et d'argent, couvert de plaques d'or, portant les inscriptions JHS et MAR, et probablement trois croix avant sa modification à une époque récente, sur un côté et au talon.

L'épopée de Jehanne d'Arc

De Domremy à Rouen, durant les dix-neuf ans de sa courte vie, Jeanne d'Arc sillonna la partie nord de la France. Voici un résumé et une carte simplifiée de ses différents périples.

On peut distinguer plusieurs étapes dans le long périple de Jehanne d'Arc :

- La chevauchée vers le Dauphin
- La chevauchée vers Tours
- La délivrance d'Orléans
- La campagne de la Loire
- La route du sacre
- La marche sur Paris
- La campagne du Nivernais
- La route du martyre

Pour suivre la chronologie de ces multiples déplacements, on pourra consulter l'annexe « Principaux faits marquants de la vie de Jehanne d'Arc » de ce livre[1] et la carte « La France mariale de sainte Jehanne d'Arc »[2]. Par ailleurs, un grand nombre des communes traversées étant adhérentes de l'Association des villes johanniques, on trouvera sur le site de cette association[3] plus de précisions sur ces lieux.

1. Voir p. 155 à 158.
2. Éditions Saint-Jude, Orléans, 2020.
3. Voir p. 179.

Voici la liste des communes figurant sur la carte ci-jointe, les membres de l'Association des villes johanniques étant signalées par un astérisque :

1. Domremy-la-Pucelle* (Vosges)
2. Greux* (Vosges)
3. Neufchâteau* (Vosges)
4. Vaucouleurs* (Meuse)
5. Sainte-Catherine-de-Fierbois* (Indre-et-Loire)
6. Chinon* (Indre-et-Loire)
7. Poitiers (Vienne)
8. Tours (Indre-et-Loire)
9. Cléry-Saint-André* (Loiret)
10. Chécy* (Loiret)
11. Orléans* (Loiret)
12. Loches* (Indre-et-Loire)
13. Jargeau* (Loiret)
14. Meung-sur-Loire* (Loiret)
15. Beaugency* (Loiret)
16. Patay* (Loiret)
17. Gien* (Loiret)
18. Auxerre (Yonne)
19. Reims* (Marne)
20. Montépilloy* (Oise)
21. Lagny-sur-Marne* (Seine-et-Marne)
22. Mehun-sur-Yèvre* (Cher)
23. Saint-Pierre-le-Moûtier* (Nièvre)
24. La Charité-sur-Loire (Nièvre)
25. Sully-sur-Loire (Loiret)
26. Compiègne* (Oise)
27. Beaulieu-les-Fontaines* (Oise)
28. Rouen* (Seine-Maritime)

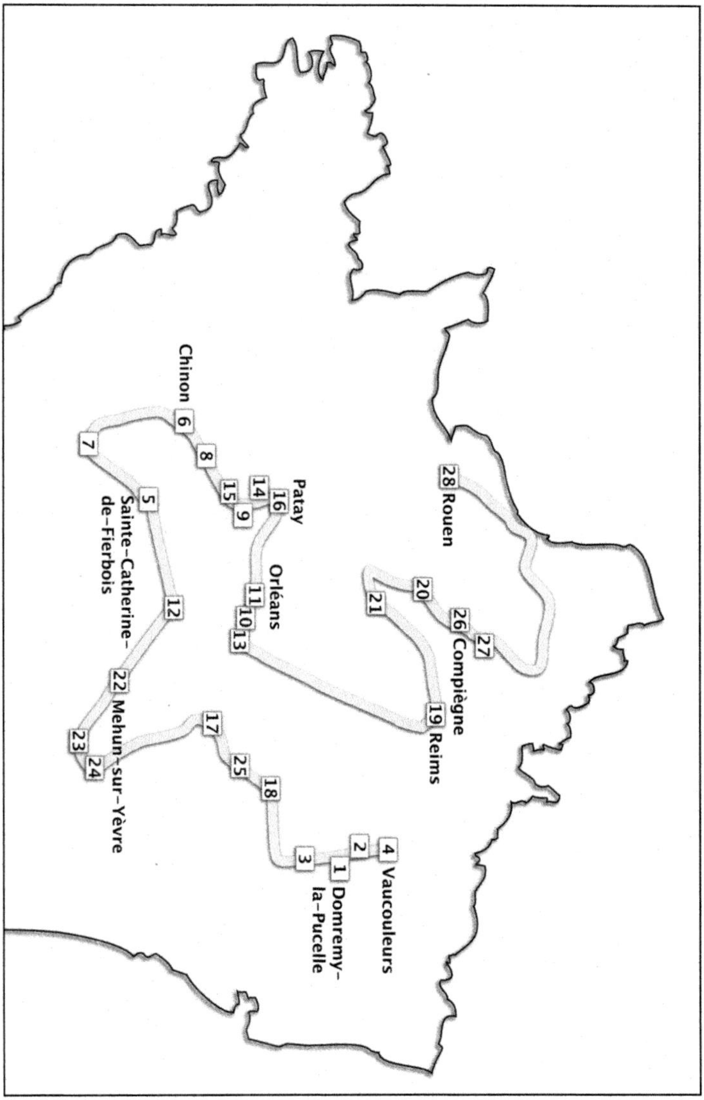

Le parcours de Jehanne d'Arc
(carte simplifiée, l'ordre des numéros correspondant
à la chronologie de ses déplacements)

Discours sur la béatification de Jehanne d'Arc

Jehanne d'Arc fut déclarée vénérable par le pape Léon XIII le 27 janvier 1894. Elle fut ensuite béatifiée par le pape Pie X le 18 avril 1909, et canonisée par le pape Benoît XV le 16 mai 1920, soit près de cinq cents ans après sa mort. Deux ans plus tard, en 1922, elle était proclamée «patronne secondaire de la France» de même que sainte Thérèse de l'Enfant-Jésus, la patronne principale étant, depuis le vœu de Louis XIII, la Vierge Marie. Voici le discours que prononça à Rome saint Pie X, le 13 décembre 1908, après la lecture des décrets de béatification des vénérables Jehanne d'Arc, Jean Eudes, François de Capillas, Théophane Vénard et ses compagnons.

Je suis reconnaissant, vénérable frère[1], à votre cœur généreux qui voudrait me voir travailler dans le champ du Seigneur toujours à la lumière du soleil, sans nuage ni bourrasque. Mais vous et moi, nous devons adorer les dispositions de la divine Providence qui, après avoir établi son Église ici-bas, permet qu'elle rencontre sur son chemin des obstacles de tout genre et

1. Mgr Touchet, évêque d'Orléans.

des résistances formidables. La raison en est d'ailleurs évidente : l'Église est militante et par conséquent dans une lutte continuelle. Cette lutte fait du monde un vrai champ de bataille et de tout chrétien un soldat valeureux qui combat sous l'étendard de la croix. Cette lutte a commencé avec la vie de notre très saint Rédempteur et elle ne finira qu'avec la fin même des temps. Ainsi, il faut tous les jours, comme les preux de Juda au retour de la captivité, d'une main repousser l'ennemi, et de l'autre élever les murs du Temple saint, c'est-à-dire travailler à se sanctifier.

Nous sommes confirmés dans cette vérité par la vie même des héros auxquels sont consacrés les décrets qui viennent d'être publiés. Ces héros sont arrivés à la gloire, non seulement à travers de noirs nuages et des bourrasques passagères, mais à travers des contradictions continuelles et de dures épreuves qui sont allées jusqu'à exiger d'eux pour la foi le sang et la vie.

Je ne puis nier pourtant que ma joie est, en effet, bien grande en ce moment : car, en glorifiant tant de saints, Dieu manifeste ses miséricordes à une époque de grande incrédulité et d'indifférence religieuse ; car, au milieu de l'abaissement si général des caractères, voici que s'offrent à l'imitation ces âmes religieuses qui, pour témoigner de leur foi, ont donné leur vie ; car, enfin, ces exemples viennent, en effet, pour la plus grande part, vénérable frère, de votre pays, où ceux qui détiennent les pouvoirs publics ont déployé ouvertement le drapeau de la rébellion et ont voulu rompre à tout prix tous les liens avec l'Église.

Oui, nous sommes à une époque où beaucoup rougissent de se dire catholiques, beaucoup d'autres prennent en haine Dieu, la foi, la révélation, le culte et ses ministres, mêlent à tous leurs discours une impiété railleuse, nient tout et tournent tout en dérision et en sarcasmes, ne respectant même pas le sanctuaire de la conscience. Mais il est impossible que devant ces manifestations du surnaturel, quelle que soit leur volonté de fermer les yeux en face du soleil qui les éclaire, un rayon divin ne finisse pas par pénétrer jusqu'à leur conscience et, serait-ce même par la voie du remords, les ramener à la foi.

Ce qui fait encore ma joie, c'est que la vaillance de ces héros doit ranimer les cœurs alanguis et timides, peureux dans la pratique des doctrines et des croyances chrétiennes, et les rendre forts dans la foi. Le courage, en effet, n'a de raison d'être que s'il a pour base une conviction. La volonté est une puissance aveugle quand elle n'est pas illuminée par l'intelligence, et on ne peut marcher d'un pas sûr au milieu des ténèbres. Si la génération actuelle a toutes les incertitudes et toutes les hésitations de l'homme qui marche à tâtons, c'est le signe évident qu'elle ne tient plus compte de la parole de Dieu, flambeau qui guide nos pas et lumière qui éclaire nos sentiers : *lucerna pedibus meis verbum tuum et lumen semitis meis.*

Il y aura du courage quand la foi sera vive dans les cœurs, quand on pratiquera tous les préceptes imposés par la foi ; car la foi est impossible sans les œuvres, comme il est impossible d'imaginer un soleil qui ne donnerait point de lumière et de chaleur. Cette vérité a pour témoins les martyrs que nous venons de célébrer. Car il ne faut pas croire que le martyre soit un acte de simple enthousiasme qui consiste à mettre la tête sous la hache pour aller tout droit en paradis. Le martyre suppose le long et pénible exercice de toutes les vertus. *Omnimoda et immaculata munditia.*

Et, pour parler de celle qui vous est connue plus que tous les autres – la Pucelle d'Orléans –, dans son humble pays natal comme parmi la licence des armes, elle se conserve pure comme les anges ; fière comme un lion dans tous les périls de la bataille, elle est remplie de pitié pour les pauvres et pour les malheureux. Simple comme un enfant dans la paix des champs et dans le tumulte de la guerre, elle demeure toujours recueillie en Dieu et elle est tout amour pour la Vierge et pour la sainte Eucharistie, comme un chérubin, vous l'avez bien dit. Appelée par le Seigneur à défendre sa patrie, elle répond à sa vocation pour une entreprise que tout le monde, et elle tout d'abord, croyait impossible ; mais ce qui est impossible aux hommes est toujours possible avec le secours de Dieu.

Que l'on n'exagère pas, par conséquent, les difficultés quand il s'agit de pratiquer tout ce que la foi nous impose pour accomplir nos devoirs, pour exercer le fructueux apostolat de l'exemple que le Seigneur attend de chacun de nous : *Unicuique mandavit de proximo suo*. Les difficultés viennent de qui les crée et les exagère, de qui se confie en lui-même et non sur les secours du Ciel, de qui cède, lâchement intimidé par les railleries et les dérisions du monde : par où il faut conclure que, de nos jours plus que jamais, la force principale des mauvais, c'est la lâcheté et la faiblesse des bons, et tout le nerf du règne de Satan réside dans la mollesse des chrétiens.

Oh ! S'il m'était permis, comme le faisait en esprit le prophète Zacharie, de demander au divin Rédempteur :

« Que sont ces plaies au milieu de vos mains ? *Quid sunt istæ plagæ in medio manuum tuarum ?* », la réponse ne serait pas douteuse : « Elles m'ont été infligées dans la maison de ceux qui m'aimaient. *His plagatus sum in domo eorum qui diligebant me* », par mes amis qui n'ont rien fait pour me défendre et qui, en toute rencontre, se sont rendus complices de mes adversaires. Et à ce reproche qu'encourent les chrétiens pusillanimes et intimidés de tous les pays ne peuvent se dérober un grand nombre de chrétiens de France.

Cette France fut nommée par mon vénéré prédécesseur, comme vous l'avez rappelé, vénérable frère, la très noble nation, missionnaire, généreuse, chevaleresque. À sa gloire, j'ajouterai ce qu'écrivait au roi saint Louis le pape Grégoire IX :

> Dieu, auquel obéissent les légions célestes, ayant établi, ici-bas, des royaumes différents suivant la diversité des langues et des climats, a conféré à un grand nombre de gouvernements des missions spéciales pour l'accomplissement de ses desseins. Et comme autrefois il préféra la tribu de Juda à celles des autres fils de Jacob, et comme il la gratifia de bénédictions spéciales, ainsi choisit la France de préférence à toutes les autres nations de la Terre pour la protection de la foi catholique et pour la défense de la liberté religieuse. Pour ce motif, continue le pontife, la France est le royaume de Dieu même, les ennemis de la France sont les ennemis du Christ. Pour ce motif, Dieu aime la France parce qu'il aime l'Église qui traverse les siècles et recrute les légions pour l'éternité. Dieu aime la France, qu'aucun effort n'a jamais pu détacher entièrement de la cause de

> Dieu. Dieu aime la France, où en aucun temps la foi n'a perdu de sa vigueur, où les rois et les soldats n'ont jamais hésité à affronter les périls et à donner leur sang pour la conservation de la foi et de la liberté religieuse (lettre de Sa Sainteté Grégoire IX du 21 octobre 1239 sollicitant l'aide de saint Louis contre l'empereur Frédéric II ; bulle *Dei Filius*).

Ainsi s'exprime Grégoire IX. Aussi, à votre retour, vénérable frère, vous direz à vos compatriotes que s'ils aiment la France ils doivent aimer Dieu, aimer la foi, aimer l'Église, qui est pour eux tous une mère très tendre comme elle l'a été de vos pères. Vous direz aux Français qu'ils fassent leurs trésors des testaments de saint Remi, de Charlemagne et de saint Louis – ces testaments qui se résument dans les mots si souvent répétés par l'héroïne d'Orléans : « Vive le Christ qui est roi des Francs ! »

À ce titre seulement, la France est grande parmi les nations ; à cette clause, Dieu la protégera et la fera libre et glorieuse ; à cette condition, on pourra lui appliquer ce qui, dans les livres saints, est dit d'Israël : « Que personne ne s'est rencontré qui insultât ce peuple, sinon quand il s'est éloigné de Dieu : *Et non fuit qui insultaret populo isti, nisi quando recessit a culto Domini Dei sui.* »

Ce n'est donc pas un rêve que vous avez énoncé, vénérable frère, mais une réalité ; je n'ai pas seulement l'espérance, j'ai la certitude du plein triomphe. Il mourait, le pape martyr de Valence, quand la France, après avoir méconnu et anéanti l'autorité, proscrit la religion, abattu les temples et les autels, exilé, poursuivi et décimé les prêtres, était tombée dans la plus détestable abomination. Deux ans ne s'étaient pas écoulés depuis la mort de celui qui devait être le dernier pape, et la France, coupable de tant de crimes, souillée encore du sang de tant d'innocents, tourne, dans sa détresse, les yeux vers celui qui, élu pape par une sorte de miracle, loin de Rome, prend à Rome possession de son trône et la France implore avec le pardon l'exercice du divin pouvoir que, dans le pape, elle avait si souvent contesté; et la France est sauvée. Ce qui paraît impossible aux hommes est possible à Dieu. Je suis affermi dans cette certitude par la protection des martyrs qui ont donné leur sang pour la foi et par l'intercession de Jehanne d'Arc qui, comme elle vit dans le cœur des Français, répète aussi, sans cesse, au Ciel la prière: « Grand Dieu, sauvez la France! »

Donné à Rome, auprès de Saint-Pierre,
le 13 décembre de l'année 1908,
de notre pontificat la cinquième.

Prières à sainte Jehanne d'Arc

Voici quelques prières qui peuvent être récitées pour demander l'intercession de sainte Jehanne d'Arc : un chapelet conçu par Sylvie Pervès ; un chant militaire ou religieux en l'honneur de Jehanne d'Arc, dont les paroles sont issues d'un poème de sainte Thérèse de l'Enfant-Jésus et interprétées sur la musique de la marche des soldats de Robert Bruce ; enfin, les litanies de sainte Jehanne d'Arc publiées au XIX*e siècle et une prière communément récitée pour le salut de la France.*

1. Chapelet de sainte Jehanne d'Arc

- Sur la croix, réciter le *Credo* et un *Pater*.
- Sur les trois premiers grains, réciter trois fois :

« Je vous salue sainte Jehanne d'Arc, Jésus et Marie sont avec vous.

Vous êtes bénie entre toutes les filles du monde et votre conseil est béni.

Sainte Jehanne d'Arc, patronne et gardienne de la patrie,

que par votre incessante prière,

notre pays redevienne chrétien et qu'il retrouve son unité.

Ainsi soit-il. »

• Sur les gros grains, réciter le *Pater*.

• Sur les petits grains, réciter :

« Sainte Jehanne d'Arc, priez pour nous, pour la France pour l'Europe et pour le monde. »

• À la fin de chaque dizaine, réciter :

« *Gloria patri et filio et spiritui sancto, sicut erat in principio et nunc et semper et in secula seculorum. Amen.* »

À chaque dizaine, méditer un de ces cinq mystères :

• 1er mystère : saint Michel archange annonce à Jehanne qu'elle doit sauver le royaume de France. Fruit du mystère : faire la volonté de Dieu.

• 2e mystère : à Chinon, Jehanne révèle au dauphin qu'il est le fils du roi et qu'il sera sacré à Reims. Fruit du mystère : que la France retrouve le chemin des sacrements ; prions pour la résurrection de la France.

• 3e mystère : Jehanne délivre la ville d'Orléans assiégée et fait sacrer Charles VII à Reims. Fruit du mystère : avoir le courage et l'audace d'affirmer sa foi.

• 4e mystère : Jehanne est faite prisonnière à Compiègne, livrée aux Anglais et abandonnée de tous. Fruit du mystère : prier sans cesse lors des difficultés.

• 5e mystère : Jehanne est condamnée à être brûlée vive à Rouen. Fruit du mystère : servir Dieu et le glorifier.

Finir le chapelet par cette prière :

« Dieu qui avez miraculeusement suscité Jehanne d'Arc pour défendre la foi et la patrie, accordez-nous, par son intercession, de savoir choisir, pour nous gouverner et nous guider, des hommes sages et justes qui assureront à votre peuple, par le respect de vos saintes lois, la tranquillité, l'ordre et la liberté de votre Église. Sainte Jehanne d'Arc, priez pour nous. »

2. Rappelle-toi

Refrain :
Rappelle-toi, rappelle-toi
Rappelle-toi, rappelle-toi

1. Rappelle-toi, Jehanne, Domremy, Chinon,
Orléans, Reims, et Rouen où ton cœur fut pure hostie.
Fille de Dieu, sainte Pucelle, viens au secours
de la France au nom de Jésus et Marie.
France, ô ma France, il faut élever,
jusqu'aux cieux, ta patrie
si tu veux retrouver la vie
et que ton nom soit glorieux !
Le Dieu vainqueur et clément
a résolu de te sauver.

2. Mais c'est par moi qu'il veut te racheter.
Viens à moi, je prie pour toi, je t'appelle, reviens à moi.
Fille de Dieu, sainte Pucelle, viens au secours
de la France, au nom de Jésus et Marie.
France, ô ma France, il faut élever,
jusqu'aux cieux, ta patrie
si tu veux retrouver la vie
et que ton nom soit glorieux !

Le Dieu vainqueur et clément
a résolu de te sauver.

3. Litanies de sainte Jehanne d'Arc

Pressante supplication :

Bienheureuse Jehanne, il y a de nouveau grande pitié dans notre France tant aimée et dans toute la chrétienté. Hâtez-vous de nous secourir !

Fille de Dieu, douce et puissante patronne, faites revivre dans tous les cœurs la foi et la vaillance de nos pères : et puis, priez et bataillez avec nous, et Dieu donnera la victoire. Ainsi soit-il !

Invocations en forme de litanies :

Seigneur, ayez pitié de nous !
Jésus-Christ, ayez pitié de nous !
Seigneur, ayez pitié de nous !
Jésus, écoutez-nous !
Jésus, exaucez-nous !
Père céleste qui êtes Dieu, ayez pitié de nous !
Fils rédempteur du monde qui êtes Dieu, ayez pitié de nous !
Esprit Saint qui êtes Dieu, ayez pitié de nous !
Trinité sainte qui êtes un seul Dieu, ayez pitié de nous !
Sainte Marie, mère de Dieu, priez pour nous !
Saint Michel archange, protecteur de la France, priez pour nous !
Sainte Catherine et sainte Marguerite, célestes conseillères de l'élue de Dieu, priez pour nous !

Sainte Jehanne d'Arc, priez pour nous !

Sainte Jehanne, fille au grand cœur, priez pour nous !

Sainte Jehanne, dont l'innocence et l'humilité ont attiré le secours du Ciel, priez pour nous !

Sainte Jehanne, avide de puiser une pureté toujours plus grande dans la pratique fréquente du sacrement de pénitence, priez pour nous !

Sainte Jehanne, séraphin consumé d'amour au pied des saints autels, priez pour nous !

Sainte Jehanne, affamée du pain de vie, priez pour nous !

Sainte Jehanne, pénétrée d'une dévotion tendrement filiale envers la Reine des vierges, priez pour nous !

Sainte Jehanne, sœur des anges, priez pour nous !

Sainte Jehanne, fille dévouée de l'Église, priez pour nous !

Sainte Jehanne, inébranlable dans votre confiance envers le Souverain Pontife, priez pour nous !

Sainte Jehanne, favorisée d'apparitions célestes, priez pour nous !

Sainte Jehanne, choisie de Dieu pour l'accomplissement de ses miséricordieux desseins sur la France, priez pour nous !

Sainte Jehanne, fidèle et généreuse exécutrice des volontés divines, priez pour nous !

Sainte Jehanne, vierge et apôtre guerrière, priez pour nous !

Sainte Jehanne, qui ne vouliez conduire à la victoire que des soldats réconciliés avec Dieu, priez pour nous !

Sainte Jehanne, libératrice de la patrie, priez pour nous !

Sainte Jehanne, héraut de la royauté du Christ sur la France, priez pour nous !

Sainte Jehanne, dont l'invincible constance a déjoué les complots et brisé les entraves qui s'opposaient à votre mission, priez pour nous!

Sainte Jehanne, qui ne cessiez de faire monter votre prière vers le Ciel, priez pour nous!

Sainte Jehanne, forte de la force divine, priez pour nous!

Sainte Jehanne, admirable de foi, d'humilité, de patience et d'héroïsme, priez pour nous!

Sainte Jehanne, modèle achevé des plus nobles vertus, priez pour nous!

Sainte Jehanne, trahie et vendue, de même que Jésus par Judas, priez pour nous!

Sainte Jehanne, jugée et condamnée par un misérable, de même que Jésus par le grand prêtre des Juifs, priez pour nous!

Sainte Jehanne, abandonnée de tous à l'heure de l'épreuve, de même que Jésus le fut de ses disciples, priez pour nous!

Sainte Jehanne, suppliciée comme hérétique et schismatique, vous qui aviez préservé la France du schisme et de l'hérésie, priez pour nous!

Sainte Jehanne, touchante image de l'Agneau de Dieu qui s'est fait péché pour expier le péché du monde, priez pour nous!

Sainte Jehanne, douce et pieuse enfant de Domremy, priez pour nous!

Sainte Jehanne, vierge bénie de Vaucouleurs, priez pour nous!

Sainte Jehanne, victorieuse Pucelle d'Orléans et de Patay, priez pour nous!

Sainte Jehanne, qui faisiez remonter à Dieu toute la gloire du triomphe au sacre de Reims, priez pour nous!

Sainte Jehanne, sublime prisonnière et sainte martyre de Rouen, priez pour nous!

Sainte Jehanne, honneur et protection de la patrie, priez pour nous!

Sainte Jehanne, glaive de la France catholique contre les suppôts de Satan, priez pour nous!

Sainte Jehanne, radieux arc-en-ciel qui nous présagez la fin de nos tribulations, priez pour nous!

Agneau de Dieu, qui effacez les péchés du monde, pardonnez-nous, Seigneur!

Agneau de Dieu, qui effacez les péchés du monde, exaucez-nous, Seigneur!

Agneau de Dieu, qui effacez les péchés du monde, ayez pitié de nous, Seigneur!

Priez pour nous, sainte Jehanne d'Arc.

Afin que nous devenions dignes des promesses de Jésus-Christ.

Oraison :

Ô Dieu, qui choisissez souvent les plus humbles pour manifester votre puissance et réaliser les desseins de votre miséricorde, accordez à la France, par les mérites de votre bienheureuse servante Jehanne d'Arc, le renouvellement de l'esprit chrétien et le triomphe contre les ennemis de votre saint Nom. Nous vous en supplions par Jésus-Christ Notre-Seigneur.

Ainsi soit-il!

4. Prière pour demander l'intercession de sainte Jehanne d'Arc

Ô sainte Jehanne d'Arc, suscitée par Dieu pour sauver la France,

vous qui, dès votre enfance, avez édifié vos proches par votre piété et une vie vertueuse,

vous qui aviez le souci des pauvres,

vous qui avez été un modèle pour la jeunesse en écoutant la voix de Dieu par l'intermédiaire de saint Michel, de sainte Catherine et de sainte Marguerite,

vous qui avez été un modèle d'engagement citoyen en sacrifiant votre tranquillité pour aller défendre notre pays,

vous qui avez été un modèle de bravoure pour les soldats,

vous qui avez enseigné aux gouvernants à reconnaître l'autorité de Dieu et de sa loi,

vous qui avez été un modèle de pureté, de courage et de résignation dans votre prison,

vous qui avez offert votre vie pour notre pays,

vous qui nous avez montré l'exemple d'obéissance à l'Église,

faites que, par votre intercession,
nous puissions nourrir une foi ardente,
garder au cœur une espérance invincible,
aimer Jésus et nous donner à lui sans retour.
Ainsi soit-il.

Adresses utiles

En France, de nombreux lieux évoquent le souvenir de sainte Jehanne d'Arc, et plusieurs manifestations annuelles sont organisées en sa mémoire. Voici une liste d'adresses (non exhaustive) qui pourra vous être utile si vous souhaitez, vous aussi, partir sur ses traces… et, pourquoi pas, marcher sur ses chemins !

Pour voir l'anneau de Jehanne d'Arc :
Le Puy du Fou
85590 Les Épesses
Site internet : www.puydufou.com

Pour connaître les villes et événements johanniques et pour obtenir le passeport johannique :
• Association des villes johanniques
Site internet : www.villes-johanniques.fr
• Office de tourisme
25, place du Martroi
45000 Orléans
Tél. : 02 38 24 05 05

Pour visiter les maisons de Jehanne d'Arc :
• Maison natale de Jeanne d'Arc à Domremy
2, rue de la Basilique
88630 Domremy-la-Pucelle

Tél. : 03 29 06 95 86
E-mail : maisonjeannedarc@vosges.fr
Site internet : maisonjeannedarc.vosges.fr
• Maison de Jeanne d'Arc à Orléans
3, place de Gaulle
45000 Orléans
Tél. : 02 38 68 32 63
E-mail : mja@ville-orleans.fr
Site internet : www.orleans-metropole.fr

Pour participer à des activités (conférences, pèlerinages, etc.) en rapport avec Jehanne d'Arc :

• Association universelle des Amis de Jeanne d'Arc (édite le bulletin semestriel *Les Amis de Jeanne d'Arc* et la revue annuelle d'études johanniques, *La revue Jeanne d'Arc*)
E-mail : asso.univamis.jdarc@gmail.com
Site internet : amis-jeanne-d-arc.org

Pour connaître l'histoire de Jehanne d'Arc :

• Centre de documentation Jeanne d'Arc
3, place de Gaulle
45000 Orléans
Tél. : 02 38 68 32 64
E-mail : cja@ville-orleans.fr
Site internet : www.jeannedarc.com.fr
• Historial Jeanne d'Arc
7 rue Saint-Romain
76000 Rouen
Tél. : 02 35 52 48 00
Site internet : www.historial-jeannedarc.fr

• Musée Jeanne d'Arc
17 rue Jeanne-d'Arc
55140 Vaucouleurs
Tél. : 03 29 89 51 82 (office de tourisme de Commercy – Void – Vaucouleurs)
Site internet : musees-meuse.fr

Pour cheminer sur les traces de Jehanne d'Arc :

• Chemin historique de Jeanne d'Arc (GR®703), de Toul (Meurthe-et-Moselle) à Bagneux-la-Fosse (Aube) : 235 km
Site internet : www.gr-infos.com

• Tour du pays de Jeanne d'Arc, au départ de Vaucouleurs (Meuse et Vosges) : 55 km
Site internet : www.gr-infos.com

• Sur les chemins de Jeanne d'Arc, de Domremy (Vosges) à Vaucouleurs (Meuse) : 28,2 km
Tél. : 03 29 94 32 17 (office de tourisme de l'ouest des Vosges)
Site internet : www.cirkwi.com/circuit/8782

• Sur les pas de Jeanne, de Cléry-Saint-André ou Patay à Gien (Loiret) : 80 km
E-mail : pastotourisme@loiretcatholique.fr
Site internet : www.loiretbalades.fr

• Dans les pas de Jeanne d'Arc sur le chemin de Compostelle, de Dieppe à Rouen : 90 km
E-mail : danslespasdejeannedarc@orange.fr
Site internet : pasdejeannedarc.canalblog.com

• Route touristique sur les traces de Jeanne d'Arc captive, de Compiègne (Oise) à Rouen (Seine-Maritime) : 414 km (à faire en voiture ou à vélo)
Site internet : www.routes-touristiques.com

Orientation bibliographique

Très nombreux sont les livres qui ont été écrits sur la vie de Jehanne d'Arc et sur son histoire. Je ne citerai ici que ceux dont l'auteur, à l'exception de Charles Péguy, a un lien avec son anneau.

Coline Dupuy et David Perconti, *Jehanne d'Arc* (bande dessinée), Plein Vent, Monaco, 2022.

Charles Péguy, *Jeanne d'Arc*, Éditions Défi, coll. « Nos classiques », Paris, 1997.

Régine Pernoud et Marie-Véronique Clin, *Jeanne d'Arc*, Hachette, coll. « Pluriel », Paris, 2011.

Louis-Hubert et Marie-Christine Remy, *La vraie mission de sainte Jehanne d'Arc*, Éditions ACRF, Marseille, 2021.

Jacques Trémolet de Villers, *Jeanne d'Arc. Le procès de Rouen*, Perrin, coll. « Tempus », Paris, 2017.

Philippe de Villiers, *Le roman de Jeanne d'Arc*, Albin Michel, Paris, 2014; rééd. Éditions du Rocher, Paris, 2021.

Remerciements

En premier lieu, je souhaite remercier chaleureusement tous les prêtres qui m'ont guidée, qui m'ont dispensé les enseignements nécessaires à mon parcours, ainsi que ceux qui continuent de me nourrir de la parole du Seigneur.

Je remercie aussi ma famille et mes amis de m'avoir comprise, épaulée, écoutée, et de m'accepter telle que je suis maintenant.

Merci à tous ceux qui m'ont aidée dans l'écriture de cet ouvrage, en m'apportant leurs conseils et leur soutien par la prière.

J'aimerais également remercier tous ceux qui ont contribué, de quelque manière que ce soit, à la venue de l'anneau de sainte Jehanne en France, et plus particulièrement sur les terres de Vendée.

Table

Troisième partie
UNE NOUVELLE VIE POUR TOUTE LA FAMILLE

ANNEXES

Achevé d'imprimer en avril 2023
sur les presses de
La Manufacture - Imprimeur – 52200 Langres
Tél. : (33) 325 845 892

N° imprimeur : 230313 - Dépôt légal avril 2023
Imprimé en France

CET OUVRAGE A ÉTÉ COMPOSÉ
PAR ATLANT'COMMUNICATION
AU BERNARD (VENDÉE).